www.tredition.de

AF205052

Danksagung

Ohne Heike, meine liebe Freundin, und ohne Chris, meinem Sohn, würde es dieses Buch in dieser Form nicht geben. Deshalb gilt mein besonderer Dank diesen beiden Menschen, die mir viel Unterstützung und Feedback gaben. Ebenso möchte ich Saskia danken, dir mir viel theoretisches Wissen mit Freude und Klarheit vermittelt hat.

KERSTIN STOLPE

***

SEELENHUNGER - EIN PLÄDOYER FÜR SELBSTAKZEPTANZ

www.tredition.de

© 2021 Kerstin Stolpe
Cover: Claudia Sperl
Verlag und Druck:
tredition GmbH, Halenreie 40-44, 22359 Hamburg

ISBN
Paperback: 978-3-347-27701-4
Hardcover: 978-3-347-27702-1
e-Book: 978-3-347-27703-8

Inhaltsverzeichnis

Seelenhunger – ein Plädoyer für Akzeptanz

Teil 1: Auf der Suche nach Erleichterung

Angst sind nur Gedanken ...

Dieses Buch startet ein wenig chaotisch, aber ich glaube, das es mit jeder Seite besser wird. Ob es am Ende ein gutes Buch ist, werden Sie entscheiden. Dies soll ein ehrliches Buch werden. Sie wissen, ob ich authentisch und ehrlich genug berichte. Sie spüren es daran, wenn Sie sich in Ihrem tiefen Sein davon angerührt werden.Wie fing es an? Wo fang ich an? Heute, Neujahr 2020?

Ich habe zum allerersten Mal in meinem Leben Silvester komplett allein verbracht. Ich hätte sicher jemanden gefunden, der mit mir feiern wollte. Aber erstens finde ich, dass der Jahreswechsel komplett überbewertet wird. Und zweitens fand ich es auch spannend. Ich wollte sehen, was das mit mir macht, Silvester allein zu sein. Und irgendwie war ich der Meinung, das hat nichts mit mir gemacht, mir nichts ausgemacht. Und vielleicht hat es das auch nicht. Vielleicht liegt es nur an den Tagen: Neujahr, Silvester, die haben so eine komische Ladung.

Ich möchte so viel berichten, kann gar nicht so schnell schreiben und habe doch trotzdem jetzt schon Angst, einen wichtigen Aspekt zu vergessen.

Ok, jetzt erst einmal zu dem, an wen sich dieses Buch wendet.

Das Buch richtet sich an alle, die irgendwo in ihrem Leben feststecken. Und an alle, die sich vom Titel angesprochen fühlen. Seelen-Hunger war der Entwurf, bevor ich geschrieben hatte. Ich finde, das bedarf gar keiner weiteren Erklärung und falls doch, findet sich alles Weitere im Buch.

Oder als längerer Titel: Wenn die Seele hungert und ich eine andere Ebene als die der Seele bediene.

Während des Schreiben kamen aber andere Ideen für einen Buchtitel.

Dieses Buch richtet sich an alle, die sich irgendwie mit Gefühlen schwer tun, die ein Problem haben, oder allgemein eine Lebenshilfe benötigen oder gut finden.

Ich kann mich auch ganz prima von dem eigentlichen Thema ablenken. Indem ich mir jetzt überlege, ob ich beim etwas distanzierten SIE in der Anrede bleibe oder lieber zum persönlichen DU wechsele. Ablenkung ist etwas, das ich prima kann. Das anerkenne ich übrigens viel zu selten. Und außerdem finde ich, kann man niemanden so intensiv belügen wie sich selbst – UND sich dann auch noch glauben.

Auch DAS kann ich prima. 😊 Und da bin ich echt erfinderisch. Ob Sie das auch sind, werter Leser und werte Leserin – HA, da ist es, das SIE. Ok, machen wir erstmal mit dem SIE weiter 😊

Ich liebe übrigens Smileys.

Smileys werden Ihnen hier im Buch hoffentlich mehrere begegnen, ich finde, die kleinen Gesichter können so sehr treffend Emotionen ausdrücken. Da, wo mir manchmal die Worte fehlen – ok, passiert selten - oder da, wo ich sie als „Verstärkung" gebrauchen kann.

Eine Challenge habe ich auch noch zum Jahresende mitgemacht. Da ging es um Loslassen. Loslassen von Widerständen, von Glaubenssätzen oder einfach Gefühle, die ich als ungut bewertet habe.

Nun bin ich selbst ausgebildete Traumatherapeutin nach Prof. Dr. Ruppert, bin sehr reflektiert, praktiziere das „Loslassen" nach der Sedona Methode und habe da mehr oder weniger so halbherzig mitgemacht. Aber selbst das halbherzige Mitmachen scheint etwas in Bewegung gebracht zu haben.

Und heute war das Thema ANGST dran. Angst also. Ja doch, Ängste habe ich. Ich habe Angst vor dem Sterben, weniger vor dem Tod.

Ich habe Angst vor siechenden Krankheiten.

Ganz aktuell habe ich Angst, weniger zu verdienen – dann würde sich ganz schön viel in meinem Leben ändern müssen.

Ich habe Angst vor Bewertungen.

Ich habe Angst, mich anderen so zuzumuten, wie ich wirklich bin.

Ist es, alles zusammen, die Angst vor Veränderung?

Aber das Leben IST Veränderung. Dann wäre meine Angst die Angst vor dem Leben? Der Mensch harrt lieber in bekannten, aber schlechten Umständen aus, als den Schritt in das Unbekannte, aber Befreiende zu machen. Wo beginnt der Weg eigentlich? Ab da, wo ich mir meiner selbst zum ersten Mal bewusst werde?

Filigrane Gedanken, kaum wahrnehmbar

In den letzten Tagen bemerke ich vermehrt ein leises inneres Stimmchen. Und zwar dann, wenn ich essen will oder naschen, aber gar kein Hunger habe. Ich bin mittlerweile überzeugt davon, dass es diese Stimme schon immer in mir gegeben hat, es gab aber kein Ohr dazu, um diese zu hören, oder besser: wahrzunehmen!

Diese Stimme ist anders. Das ist keine donnernde Stimme aus irgendeiner Wolke. Das ist auch keine Stimme, die mir „rap-mäßig" im Ohr hängt. Es ist in der Tat mehr eine WAHRNEHMUNG.

Aber ich muss irgendwann einmal die Entscheidung treffen, diese Stimme auch hören/wahrnehmen zu wollen. Diese Entscheidung, so redete ich mir lange Zeit ein, habe ich doch schon lange getroffen. Jaaa, aber dann tritt noch ein anderes Phänomen ein: die Blitzartigkeit meiner Handlung. Ich habe das Gefühl, dass ich was essen will und im „nächsten" Moment finde ich mich vollgefuttert auf dem Sofa wieder. Und ich kann mich kaum erinnern, wie das passiert ist.

Autopilot. Kennen Sie das? Wenn Sie Autofahrer(in) sind, dann gibt es Strecken, die man ganz regelmäßig fährt und dabei auch ganz sicher ist. Dann denke ich nicht mehr darüber nach, dass ich schalten muss, ich überlege nicht, wo jetzt der vierte Gang zu finden ist und auch nicht, wie schnell ich da fahren darf. Manchmal erschrecke ich, genauso wie nach dem unbewussten Essen, und frage mich, wie ich denn dahin gekommen bin und ob ich wohl bemerkt hätte, wenn ich unterwegs eine Katze überfahren hätte? HÄTTE ich! Ganz sicher. Sie auch! Es geht hier um ganz unbewusste Abläufe, die, wenn wir sie nicht BEWUSST unterbrechen, eben das bleiben, als was wir sie beschreiben: unbewusst.

So, und nun wieder zu meiner leisen, kleinen Stimme. Ich habe mich geschult, diese Gedanken nun auch ab und an mal wahrzunehmen. Trotzdem finde ich mich so oft vollgefressen auf dem Sofa wieder. So, und jetzt kommt das große ABER. 😊

Hach, ich liebe ABER´S. Einfach, weil Sie eine Situation nicht so dingfest und ausweglos lassen, wie es manchmal scheint. Und in dieser Situation – ist das ABER die Reflektionspause. Es gibt einen WINZIGEN Moment zwischen dem Gedanken und der Handlung! Ich musste auch erst einmal lernen, dass ich Möglichkeiten habe, anders zu handeln und zu reagieren. Und ich musste lernen, dass jeder Handlung ein Gedanke, egal ob nun bewusst oder unbewusst, zugrunde liegt. Was bedeutet das konkret?

Nun, ich habe ERST etwas gedacht, bevor ich den Fressanfall bekomme. Und selbst, wenn meine Hand schon am Kühlschrank ist, selbst, wenn der Kühlschrank schon auf ist und selbst, wenn ich das Stück Schokolade schon im Mund habe, kann ich mir eine Frage stellen.

Sehr viel später kann ich diese Frage auch noch stellen, meiner Erfahrung nach komme ich dann aber nicht mehr wirklich an die Antwort heran. Weil dann das Essen seine Funktion schon erfüllt hat: -> Abzulenken und zu dämpfen. Aber der Gedanke war da! Ganz sicher! Und ein guter Deal ist, so hat es mein Körper und vor allem mein Verstand empfunden, dass ich sage: Egal, wie die Antwort ausfällt, du darfst alles essen, was du willst! – aber stell dir die Frage und warte die Antwort ab.

Die Frage lautet: „Was habe ich gerade gedacht?" Und die ergänzende Frage: „Warum muss ich deswegen essen?", die war dann gar nicht mehr so wichtig, weil eigentlich die erste Antwort schon sehr offensichtlich ist. Wenn ich bereit bin, hinzuhören. Wenn ich offen und empfänglich bin. Mein Thema ist die Esssucht. Das was ich hier schreibe, gilt aber für nahezu jede andere Sucht auch. Und wenn ich liebevoll und freundlich zu mir bin und mich um die tägliche Verbindung mit meinem Körper gekümmert habe und mir dann einfach nur diese Frage stelle, war im selben Moment das Verlangen ganz oft schon weg. Ehrlich. Die Schokolade hat ihren Reiz verloren. Diesen Absatz hier habe ich geschrieben, nachdem ich genau SO verfahren bin. Ich hielt inne, als meine Hand zur Schokolade griff. Mein Gedanke war: Ich hasse es, wenn mein Freund Urlaub hat. Nennen wir meinen Freund, um seine Identität zu schützen, mal Paul. Paul ist verheiratet, das wusste ich von Anfang an und ich habe mich trotzdem auf diese Beziehung eingelassen. So, nun kann ich etwas wählen und trotzdem meine Wahl ab und an doof finden. Das habe ich mir aber lange Zeit nicht gestattet.

Nur mal so als Einzug: Wenn mir etwas an der Art MEINER Beziehung nicht gefällt, dann kann ich jederzeit etwas daran ändern! Es hat nichts mit Paul zu tun oder dass Paul etwas anderes machen sollte. Wenn ICH unglücklich bin, habe ICH auch alle Handlungsoptionen. Schließlich ist ja Paul nicht unglücklich in diesem Arrangement, ich bin es.

So, und wenn Paul Urlaub hat, dann hat auch seine Frau Urlaub. Auch wenn die beiden wie eine gut funktionierende Wohngemeinschaft zusammen leben, so darf sie doch 24 h am Tag mit Paul verbringen und ich muss mich mit den restlichen Zeiten begnügen. Ob ich das nun logisch finde, gegensätzliche Aussagen formuliert habe, oder ich da noch nicht sehr viel Klarheit habe, ich muss das alles nicht erst sortiert haben. Ich darf einfach traurig sein deswegen. Und ich darf diese Traurigkeit auch fühlen. Und ich muss gar nichts damit machen. Es geht darum, dass ich wahrnehme, was ist! In diesem Moment, wo ich mir diesen Gedanken gestatte, habe ich ihm erlaubt, zu sein. Der Gedanke ist ja sowieso da. Und ich habe mit meinem Essverhalten jahrzehntelang versucht, diese Gedanken „weg zu machen", so, als wären sie damit nicht gedacht worden. Mehr will dieses Gefühl in meiner Seele gar nicht. Wahrgenommen werden und gefühlt werden. ♡

Die Verbindung zu meinem Körper

Wie ist es eigentlich mit Ihrer Verbindung zu Ihrem Körper? SIND Sie verbunden?

Vor einigen Jahren habe ich mich bei einem Online Kurs zum Thema Essen angemeldet. Aber bevor ich mich angemeldet habe, habe ich eine für mich damals ganz dringende Frage losgeschickt. Ich habe die Coachin gefragt, ob ich bei ihr lerne, eine Verbindung zu meinem Körper zu bekommen. Ich wusste damals nicht, wie das aussehen könnte, ich ahnte nur irgendwie, dass dieses Gefühl, das ich mich permanent von meinem Körper abgetrennt und wie abgeschnitten fühle, nicht förderlich ist. Mein Kopf hat alles gedacht und entschieden. Auch, was ich esse, wie viel ich esse und wann ich esse. Aber wie ist es denn, eine Verbindung zu meinem Körper zu haben? Mein intensives Gefühl damals: Ich will weniger essen, aber ich fühle mich wie fremdgesteuert, ehe ich nachdenken kann, habe ich mich schon wieder vollgestopft. Als würde der Teil, der isst und der Teil, der nachdenkt, gar nichts miteinander und mit meinem Körper zu tun haben. Als wären das zwei getrennte Wesen. Heute, aus der Retroperspektive, kann ich sagen: Genau das, was ich damals so empfunden habe, stimmt. Und auch, dass in meiner sehnsüchtigen Frage schon ein Teil der Lösung steckt. Ohne die Rückverbindung zu meinem Körper ist kein gesundes Leben und keine gesunde Ernährung möglich. Es war, als müsste ich eine neue Sprache lernen. Als würde ich jetzt chinesisch lernen, ähnlich mühsam erschien es mir. Und ähnlich ungeduldig war ich. Ich hatte doch das Problem erkannt, dann sollte doch jetzt alles viel schneller gehen. Tat es aber nicht. Ein wichtiger Faktor auf dem Weg zu mir selbst ist Geduld. 😊

Ich weiß, jetzt schütteln einige sehr vehement mit dem Kopf: „Alles, aber nicht Geduld!"

„Ich war schon immer so ungeduldig!"

„Das muss schneller gehen!"

Sie können das Buch natürlich zur Seite stellen, nach Wunderpillen suchen, die versprechen, 20 Kilo Fett wegzuschmelzen. Ohne Sport, ohne Nahrungsumstellung und der vollmundigen Aussage, dass man überhaupt nichts verändern muss. Ich bin auch auf viele solcher „Wunderpillen" und Versprechungen hereingefallen. Und wenn Sie jetzt noch nicht so weit sind, wenn Sie noch eine Abkürzung suchen in Form einer Wunderpille, dann ist das so. Und vor allem: Das ist total in Ordnung.

Mir kommt bei solchen Situationen immer ein Klient in den Sinn. Nennen wir ihn mal Herr G. Herr G. war sehr ungeduldig. Immer musste alles sofort passieren. Wenn ich ihm mit solchen Vorschlägen kam, das ein wenig Geduld sehr hilfreich sein könnte, dann wurde er immer sehr ungehalten. Er war in einer führenden Position einer angesehenen und größeren Firma und alles, was da zu zählen schien, waren Fakten und Ergebnisse. Nach einem solchen Gespräch zum Thema Geduld ließ er einige Wochen bis zum nächsten Termin verstreichen. Jeder Mensch hat sein Zeitfenster, wann er für etwas bereit ist und wann nicht.

Was gehört also zu der Verbindung zu mir? Und wie kann ich diese Verbindung lernen?

Wenn ich eine Verbindung zu meinem Partner habe oder zu meinen Kindern, dann ist eine Kommunikation unablässig. Wie sieht es also mit der Kommunikation mit meinem Körper aus? Mir war überhaupt nicht bewusst, dass es möglich ist oder erstrebenswert oder „normal", eine Kommunikation mit dem Körper zu haben oder herzustellen. Rede ich mit ihm? Redet er mit mir? Wenn ja, höre ich ihm zu? Eine Kommunikation mit dem Körper IST möglich – aber der Körper kommuniziert anders mit uns als mit unserer herkömmlichen Sprache. Unser Körper hat eine eigene Sprache, die wir kennen. Da wir uns aber abgewöhnt haben, zumindest sehr viele von uns, in Verbindung mit unseren Körpern zu sein, achten wir nicht auf diese feine, leise Sprache. Und vor allem kann die Verbindung nur bestehen, wenn man Fragen stellt und auch bereit ist, einen Moment inne zu halten um überhaupt eine Antwort empfangen zu können. Zu Anfang dauert es einen Moment. Das ist wie bei einem Radiosender. Zuerst ist vielleicht noch ein Rauschen und man kann es nur mühsam verstehen, wenn aber die Feinjustierungen vorgenommen wurden und niemand mehr am Knopf dreht, dann steht die Verbindung in der Regel und man kann klar und deutlich verstehen, was aus dem Radio kommt. Ich kann mich noch gut erinnern, als ich das erste Mal – noch manuell damals – versucht habe, einen Blutdruck zu messen. Ich hatte die

Ohrstöpsel des Stethoskops im Ohr – und hörte GAR NICHTS. Obwohl das Geräusch mit Sicherheit da war, nahm mein Ohr es nicht wahr. Es war nichts, worauf das Ohr bisher achten musste und es gab keine Referenzwerte. Ich wusste ja nicht mal, was genau ich hören sollte. Erst nach etlichen, weiteren Versuchen, als ich bereit war, zu hören - alles zu hören – konnte ich das Geräusch plötzlich ausmachen. Als ich meinem Körper das erste Mal eine Frage stellte, kam ich mir reichlich doof vor:

„Hallo Körper, was wollen wir heute essen?"

Aber ich kann Ihnen versichern: Fragen öffnen einen Raum. Dort, wo sonst schon Schlussfolgerungen standen, wo Ansichten wie festzementiert sich kaum bewegen, lassen Fragen plötzlich viel mehr zu. In mir regte sich Widerstand! „Aber ich WEISS doch, was mein Körper mag! Nutella Brötchen und Schokolade am allerliebsten! Warum soll ich da noch fragen??" Nun, weil meine innere Weisheit die Sicherheit und das innere Wissen hat, dass mein Körper sehr wohl weiß, was gesund ist, was er mag, was er nicht mag und auch, wie er sich heilt. Auch vom Übergewicht.

Dann machen wir es doch gleich einmal praktisch. Den inneren „Radiosender" einstellen. Ich garantiere Ihnen, Ihr Körper liebt es, mit Ihnen zu kommunizieren. Er liebt es, gefragt zu werden. Und er gibt Ihnen Antworten. Und Ihr Körper ist da auch ganz bedingungslos. Ihr Körper denkt *nicht* in solchen Kategorien wie: „Du warst gestern gemein zu mir, hast mich wieder ignoriert, nö, du kriegst jetzt keine

Antwort...." Ihr Körper ist auch nicht nachtragend! Ganz einfach und wertungsfrei freut sich Ihr Körper, wenn Sie nun mit ihm kommunizieren möchten. Also, fangen Sie mit einer einfachen Frage an: „Körper, ich gehe jetzt einkaufen, was möchtest du essen?"

Diese Verbindung zu Ihrem Körper müssen Sie jetzt aber auch halten, um eine Antwort erhalten zu können. Wenn Sie mit Ihrer besten Freundin plaudernd durch den Supermarkt gehen, dann werden sie kaum wahrnehmen, was Ihr Körper Ihnen mitteilen möchte. Ebenso, wenn Sie dann Ihre Wahrnehmung wieder abschalten und wie auf Autopilot durch den Supermarkt laufen und Ihre Einkaufsliste abarbeiten, während irgendwo im Hintergrund auf der zweiten Spur Ihre Sorgen, Ängste und Bewertungen parallel ablaufen. Sie stellen also diese Frage, bleiben in der Energie dieser Frage und gehen dann los. Und wenn Sie dann im Laden sind, spielen Sie ein wenig mit der Energie. Achten Sie auf die kleinsten Impulse, selbst, wenn Ihnen das ganz komisch oder albern vorkommen mag. Gehen sie mal ganz bewusst die Gänge ab und schauen sich alles kurz an. Dann achten sie auf Impulse und Reaktionen Ihres Körpers und zweifeln Sie dann keinen an, gehen Sie mit jedem Impuls. Meistens wissen wir ja ganz genau, was wir brauchen oder wollen und steuern das dann auch genau an. Ich lade Sie ein, wirklich mal anders vorzugehen. Vielleicht will Ihr Körper mal keine Milchprodukte, anstatt dessen mal Sojamilch oder Kokosmilch. Vorsicht, falls da feste Ansichten sind. Was wäre daran so schlimm, mal etwas Neues auszuprobieren? Oder vielleicht sind Sie

Vegetarier und Ihr Körper möchte mal eine Scheibe Wurst oder ein Würstchen. Wir haben viele Überzeugungen, haben zu diesen Überzeugungen oftmals gar nicht unseren Körper befragt. Wir haben das einfach beschlossen.

Und woran merken Sie nun, was der Körper möchte? Indem Sie offen sind, bereit zu sein, einfach mal zu hören, zu spüren und sich leiten zu lassen. Anstatt automatisch das zu machen, was Sie „immer machen".Dann kann es sein, dass da plötzlich ein Gedanke kommt: „Fenchel". Mehr nicht. Oder sie schauen sich alle Gemüsesorten an und immer wieder bleibt Ihr Blick bei einer bestimmten Sorte hängen. Wenn viele Erklärungen und Rechtfertigungen kommen, dann plappert da in der Regel Ihr Verstand.

So war auch eine Klientin. Gudrun K war eine intelligente Frau, aber sie war beherrscht von ihrem äußerst dominanten Verstand, der nie zur Ruhe kam. Alles musste diskutiert werden, immer und für alles gab es Erklärungen und Argumente. Alles musste sie verstehen und für alles wollte sie genauste Anleitungen. Sich auf etwas einzulassen, ohne zu wissen, wie das mögliche Ergebnis wäre, war für sie unvorstellbar. Sie vertraute weder sich noch ihrem Körper und schon gar nicht ihrer Intuition oder ihrem Gespür. Frau G. tat sich schwer, sich auf solche Experimente einzulassen. Vielleicht finden Sie sich da wieder und Ihr Verstand plappert pausenlos dazwischen. Bleiben Sie einfach dran, hartnäckig und beständig. Versuchen Sie, auf die Impulse Ihres Körpers zu achten. Vielleicht zieht es Sie zu den Süßigkeiten hin. Dann können Sie das Objekt

Ihrer Begierde auch mal in die Hand nehmen und sich, also nicht ihren Verstand sondern Ihren Körper, fragen: „Würde dir das jetzt Freude machen, diese Schokolade, dieses Eis, diese Gummibärchen (was auch immer es ist) zu verspeisen?" Es werden keine Worte folgen, keine Stimme, die plötzlich in Ihrem Kopf erscheint. Es ist ein Gefühl, eine Empfindung, auf die ich Sie aufmerksam machen möchte.

Machen wir mal einen kleinen Test, weil viele Menschen meinen, dass sie nichts wahrnehmen.

Stellen Sie sich mal vor, ich komme mit einem Becher von Ihrem Lieblingseis mit Sahne. Stellen Sie sich diesen Becher vor, sehen Sie ihn innerlich. Nehmen Sie wahr, wie Sie den Löffel eintauchen in die weiche Masse, wie das Gefühl ist, wenn der erste Löffel auf die Zunge kommt. Wie ist der Geschmack? Was macht Ihr Körper jetzt? Sabbern Sie? 😊 Ist es ein schönes Gefühl, welches sich einstellt? Ist da Vorfreude? Ist das ein gutes, weites, offenes, vielleicht sogar vibrierendes Gefühl?

Und jetzt stellen Sie sich mal vor, ich komme mit einem Glas voll altem, schwarzen, schmutzigen Öl. Das dürfen Sie trinken, wenn Sie mögen. Wie geht es ihnen mit der Vorstellung? Freuen Sie sich? Spüren Sie in sich hinein, nehmen sie wahr, wo sie etwas fühlen und wie sich dieses Gefühl bemerkbar macht. Macht das weit und leicht in Ihrem Inneren? Sabbern Sie immer noch? Oder ist dieses Gefühl irgendwie eng, fest, komprimiert, verschlossen, dunkel?

Wenn Ihnen das nicht sofort gelingt, ist das nicht tragisch. Versuchen Sie es einfach öfter. Spielen Sie mit einigen Dingen, die Sie sich vorstellen. Machen Sie einfach so lange, bis Sie einen Unterschied bemerken können. Nicht immer so extrem, aber genau diese kleinen Nuancen werden Sie entdecken können, wenn Sie etwas finden, was Ihr Körper grade mag und möchte oder wenn Ihr Körper etwas ablehnt. Spielen Sie ein wenig und es wird nicht lange dauern, bis Sie auf der Frequenz Ihres Körpers sind und ihn schon ein wenig mehr verstehen. Wenn Sie sich darauf einlassen, werden Sie Unterschiede wahrnehmen in der Empfindung. Seien Sie etwas geduldig mit sich. 😊 Das ist schon eine gute Voraussetzung, um wieder mit Ihrem Körper in Verbindung zu kommen!

Hunger und Appetit

Was mir echt Probleme bereitet hat, war der Unterschied zwischen Hunger und Appetit.

Ich habe mal vor etlichen Jahren ein Seminar besucht, wo mir erzählt wurde, dass wir hier in Europa keinen wirklichen Hunger kennen. Es wäre allenfalls ein Hunger-Gefühl! Damals fühlte ich mich nicht wirklich gesehen und wahrgenommen mit dieser Aussage. Heute kann ich sagen, dass ich verstehe, was der Seminarleiter meinte – auch wenn diese Aussage nicht wirklich hilfreich für mich war. Wirklicher Hunger ist, wenn ich keine Möglichkeit habe, das Bedürfnis nach Essen zu stillen. Ich meine jetzt kein selbst auferlegtes Fasten. Hunger, wie der Seminarleiter ihn meinte ist, wenn es lebensbedrohlich ist. Wenn mein Leben in Gefahr ist, weil ich dieses Bedürfnis nicht erfüllen kann. Weil der Körper einfach gewisse Nahrung und somit Energie benötigt, um den komplexen Vorgang des Lebens aufrecht erhalten zu können. Gut, damit wusste ich nun, dass ich Schwierigkeiten damit hatte, Hungergefühl und Appetit zu unterscheiden. Und dass ich fortan Scheu hatte, zu sagen, dass ich Hunger hatte. Und dennoch ist es auch Hunger, wenn der Körper sich meldet, dass er Nahrung benötigt, um daraus Energie zu gewinnen. Das sollten wir bitte immer im Hinterkopf behalten. Nicht jeder Hunger ist lebensbedrohlich.

Ich habe eine Zeitlang viele Menschen beobachtet und befragt.

„Woran merkst du, dass du ein Hungergefühl hast?"

„Woran merkst du, dass du satt bist?"

„Was ist für dich Appetit?"

Im Nachhinein war ich angenehm überrascht, wie bereitwillig die Menschen mir meine Fragen beantworten wollten. Zusammenfassend kann ich sagen: Hungergefühle kommen nicht plötzlich, eher schleichend und langsam, sie kündigen sich an. Und es gibt das Gefühl: Angenehm satt nach einer Mahlzeit. Irgendwann ist diese Mahlzeit verdaut oder auf dem Weg zu ihrer Verdauung und Verwertung. Das ist aber nicht automatisch auch gleich der Zeitpunkt für eine nächste Nahrungsaufnahme. Dafür aber der Zeitpunkt, wo ich am effektivsten arbeiten kann. Ich erkläre mir das am einfachsten damit, weil der Körper weder mit Nahrungsaufnahme noch mit Verdauen beschäftigt ist, aber auch noch nicht wieder Nahrung benötigt. Also hat mein Körper Gelegenheit für unbelastetes und unabgelenktes Arbeiten. Wenn ich an meinem Manuskript sitze und schreibe, fällt es mir mit Hungergefühlen sehr schwer, konzentriert zu arbeiten, ebenso mit einem Völlegefühl. Irgendwas dazwischen ist am Angenehmsten für mich.

Genauso habe ich die Erfahrung gemacht, dass ich nicht jedem kleinsten Hungergefühl auch sofort nachgeben muss. Schlimm aber ist es, zu lange zu warten. Manchmal nehme ich das Hungergefühl gar nicht richtig wahr und plötzlich ist es in mir wie ein hungriger Tiger - und ist auch genauso ungeduldig. Wenn ich warte, bis ich diesen Zeitpunkt erreicht habe, verändert sich mein Wesen. Ich werde sehr ungeduldig, ungerecht, unfair. Alles in mir ist plötzlich nur noch darauf ausgerichtet, nun dringend dieses riesige Hungergefühl zu stillen. Wenn ich so lange warte, bis mein Hunger kaum aushaltbar ist, dann passiert es auch, dass ich, wenn ich im Restaurant sitze, drei Gerichte auf einmal bestelle. Und wehe, jemand versucht mich davon abzuhalten! Das Problem daran war, dass ich auch solche Glaubenssätze gelebt habe, dass „gegessen werden muss, was auf den Tisch steht". Ich kann doch kein Essen wegwerfen, während in Afrika Kindern verhungern. Es hat echt lange gedauert, bis ich realisiert habe, dass die Kinder auch verhungern, wenn ich nun gerade nicht den Teller leer esse. Das ist kein Beitrag für hungernde Kinder und auch kein Beitrag für meinen Körper, einfach etwas in mich hinein zu schaufeln, was er gar nicht haben möchte! Ich muss für niemanden den

Müllschlucker spielen! Wenn ich heute im Restaurant bin, hilft es mir, wenn ich mir innerlich bestätige, dass ich alles essen darf! Wirklich, alles und soviel wie ich will. Aber nacheinander. Wenn ich meine Bestellung verspeist habe und wirklich noch etwas haben will, erlaube ich mir das. Es ist noch kein einziges Mal wirklich vorgekommen. Deshalb weiß ich, dass es für mich und mein Befinden sehr ungünstig ist, wenn ich achtlos über die ersten Signale meines Körpers hinweg gehe.

Und was genau ist nun Appetit?

Ab und an bringt ein Arbeitskollege etwas mit und stellt es für die Allgemeinheit auf den Tisch. Kekse oder Kuchen, große Tüten voll Süßkram, oder die großen Dosen von Haribo. Wir sitzen dort zur Übergabe und ständig denkt es in mir: „Will ich haben!"

Das sind Dinge, die mir vor die Nase kommen, ohne dass ich daran gedacht habe, die aber sofort Begierde wecken. Die Werbung ist dafür ein gutes Beispiel. Kennen Sie das? Sie schauen einen guten Film, in der Werbepause werden verschiedene Spots gezeigt und plötzlich haben Sie unbändige Lust auf die Schokolade, die noch im Kühlschrank liegt. In einem Seminar sollten wir mal ganz bewusst unser Essen zu uns nehmen. Wir sollten es befühlen, wir sollten dran riechen. Wir sollten es in den Mund nehmen und schauen, wo wir etwas wahrnehmen, welche Geschmacksrichtung wir wahrnehmen und welche angenehm ist – und warum. Ich lernte gerade, die Verbindung zu meinem Körper herzustellen und an diesem Tag, so meinte ich, wollte mein Körper Toastbrot mit Butter, Paprika und gekochtem Ei. An dieses Essen erinnere ich mich noch heute. Ich hatte das Gefühl, dass ich damals zum ersten Mal in meinem Leben darauf gehört habe, was mein Körper WIRKLICH wollte, und nicht das, was mein Verstand meinte, was gut wäre zu essen. Somit war dieses Essen eine Wahrnehmung mit all meinen Sinnen, es war eine regelrechte Geschmacksexplosion! Die Zunge schnalzte, mein Körper vibrierte vor Wohlbehagen. Ich kam mir vor wie eine zufrieden schnurrende Katze. Das war ein sehr schönes Erlebnis für mich, weil ich jetzt endlich den Unterschied kannte. Solche Gefühle und intensiven Geschmackserlebnisse lösen Dinge, auf die ich lediglich Lust habe, weil sie mir vor der Nase stehen, nicht aus! Wenn ich von Appetit rede, dann meine ich immer die Stimme im Körper, die sich wie ein kleines, trotziges Kind anspürt oder anhört. „Ich will das jetzt aber!! Sofort!!" Mein Ziel ist es also, herauszufinden, was meinen Körper heute zum Vibrieren bringt. Ich unterlag damals einem Denkfehler, das gebe ich gerne zu. Ich probierte das mit dem Toast, Ei und der Paprika am nächsten Tag nochmal. Und war total überrascht und etwas enttäuscht, dass dieses wohlig vibrierende Gefühl ausblieb. Das hatte ich mir einfacher vorgestellt. Mir dämmerte es, dass etwas, wonach mein Körper heute verlangt und was in mir fast ekstatische Gefühle beim Essen auslöst, nicht gleich automatisch morgen dieselben Gefühle auslösen würde. Es galt also, jeden Tag mit meinem Körper in Verbindung zu kommen, zu sein und zu bleiben. Um jeden Tag herauszufinden, wonach er verlangt. Dieses intensive Gefühl erlebe ich nicht jeden Tag! Aber ich versuche, jeden Tag in die Nähe dieses Gefühls zu kommen. Die Schwierigkeiten, die ich auf diesem Weg erlebte, waren ganz anderer Natur.

So etwas macht man doch nicht – oder „halbe Sachen"

Ich kann mich noch gut entsinnen, als mein Freund einmal Kuchen mitbrachte. Irgendwas mit Schmand und Sahne und Obst war es. Aber der Kuchenboden war ein Hefeteig. Den mochte ich noch nie besonders, an dem Tag nun gar nicht, weil ich spürte, dass ich auch gar nicht mehr so viel essen mochte. Ein ganzes Stück würde nicht passen. Also begann ich, das Unterteil übrig zu lassen und nur das Leckere von oben drauf zu essen.

Hui, das war mal eine lebhafte Diskussion.

Mein Freund meinte, man müsse alles essen. Ich erklärte, dass ich aber nicht mehr genug Hungergefühl für alles habe und dann eben nur noch das essen würde, was ich lecker finde. Dann schlug ich vor, dass er lieber keinen Kuchen mehr mitbringen solle, weil ich ihm nicht versprechen könnten, dass ich es nächstes Mal anders handhaben würde. Ab und an bringt er heute wieder Kuchen mit, verliert aber kein Wort mehr darüber, wie ich meinen Kuchen esse. Eine andere Möglichkeit ist ja durchaus, nur ein halbes Stück zu essen und den Rest für den nächsten Tag aufzuheben. Das praktiziere ich ja auch – manchmal. Aber wenn ich doch weiß, dass ich den Hefeboden auch morgen nicht gerne esse, kann ich nicht (mehr) um des lieben Friedens willens oder um der Harmonie wegen etwas essen, was ich aber eigentlich gar nicht wirklich mag.

Ein weiterer Schritt, um mit Ihrem Körper wieder in eine Verbindung zu kommen, könnte die Spiegel-Übung sein. Zum Verständnis: Alle Anleitungen und Vorschläge in diesem Buch sind bitte als Einladung zu verstehen! Nichts davon MÜSSEN Sie machen und nichts davon ist eine Voraussetzung, damit Sie das nächste Kapitel besser verstehen können. Das betone ich deshalb so besonders, weil mich das an eine andere Klientin erinnert. Nennen wir sie Frau Müller. Frau Müller bezog alles, was in ihrem Leben passierte, nur auf sich. Sie war permanent der Meinung, alle anderen würden über sie reden, es würde sie niemand mögen. Wenn irgendetwas nicht in Ordnung war, hat sie sofort gefragt, ob das an ihr liegen würde. Ich kann Ihnen nur alle möglichen Stolpersteine aufzeigen und die möglichen Lösungen, die mir letztendlich geholfen haben, dass ich heute kein „Problem" mehr habe. Das muss in der Gesamtheit nicht auf Sie zutreffen. Sehen Sie das eher als eine Art Buffet, welches ich anbiete. Der Tisch wird nach und nach gedeckt, die Speisen werden vorgestellt. WELCHE Sie davon nehmen oder ob Sie überhaupt davon nehmen möchten, bleibt ganz Ihnen überlassen!

Bei der Spiegel-Übung also geht es darum, sich nackend zu machen. Komplett nackig. Meistens versuchen wir, genau das zu vermeiden. Allenfalls treten wir gut gekleidet vor den Ganzkörperspiegel. Kleidung kaschiert gut, lässt uns besser aussehen, (hoffen wir) und zeigt nicht unsere vermeintlichen Schwächen auf. Ich habe mich komplett entkleidet auf den Boden in meinem Schlafzimmer gesetzt und dann den großen Spiegel in einem Meter vor mir aufgestellt. Das war SO unangenehm! Das war kaum aushaltbar für mich.

Wenn es Ihnen auch so geht, fangen Sie kleiner an. Entkleiden Sie erst mal nur den Oberkörper oder nur den Unterkörper. Oder nur eine Körperhälfte. Rutschen Sie so aus dem Spiegelbild, dass Sie nur eine Körperhälfte sehen können. Dann geht es darum, einfach wahrzunehmen. Nicht bewerten, nicht verurteilen. Einfach nur Zeit mit sich verbringen, in Ihren Anblick eintauchen. Vielleicht haben Sie auch Schwierigkeiten, sich anderen gegenüber nackig zu zeigen. Solange Sie sich nicht selbst ertragen können, genauso lange werden sie das auch von anderen nicht erwarten. Sie werden sich vermutlich schwer damit tun, sich einem anderen zuzumuten – genau wie Sie eben sind. Es geht bei dieser Übung nicht darum, wirklich etwas zu erreichen. Ich lade Sie einfach ein, Zeit mit sich, so wie sie wirklich sind, zu verbringen. Und dann schauen Sie, was Sie an sich finden, was Sie mögen. Sie werden vermutlich beherzt widersprechen und sich versichern, dass es da nichts gibt, was mögenswert oder gar liebens-wert wäre. Ich lade sie trotzdem ein zu diesem Experiment. Halten Sie sich aus und schaue sie, was sich tut.

Sie meinen, da gibt es nichts, was schön wäre? Nichts, mit dem Sie zufrieden sein könnten?

Fangen sie klein an! Einen Fingernagel? Gibt es einen Fingernagel, den Sie an sich nicht hässlich finden? Den sie mögen könnten? Oder vielleict Ihre Augen? Die Zähne? Ihre Lippen vielleicht? Die Haare? Was wäre, wenn Sie sich nicht mit früher vergleichen, sondern einfach betrachten, was sie sehen? Und es geht auch nicht darum, irgendwelche Models aus irgendwelchen Hochglanzmagazinen als Vorbild zu nehmen, um sich mit denen zu vergleichen. In der Übung geht es darum, überhaupt mal eine Verbindung herzustellen. Oftmals versuchen wir, uns schnellstmöglich zu verhüllen, wir wollen uns meistens nicht nackend betrachten – zu sehr sehen wir dann unsere Mängel. Aber diese vermeintlichen Mängel sind doch sowieso da, warum sollen wir also Energie darauf verwenden, so zu tun, als gäbe es sie nicht? Fangen Sie mit zehn Minuten am Tag an, diese Zeiten können sie steigern.

Sich selbst anzunehmen und zu lieben ist ein wichtiger Schritt heraus an der Sucht, hin zu einem befreiten Leben. Später zeige ich Ihnen noch eine Übung, die Sie mit dieser Spiegelübung wundervoll kombinieren können!

Zwei Lebkuchen

... mit denen sitze ich hier gerade beim Schreiben, eine Tasse Tee dazu – und ich habe auch keine Bewertungen darüber, dass ich nun direkt nach dem

Frühstück unbedingt noch zwei Lebkuchen essen „musste".

Was ist passiert?

Genau DAS frage ich mich jetzt immer öfter! Ganz oft sind es nur winzige Gedankenschnipsel, aber wenn ich nicht bereit bin, diese Frage zu stellen, bin ich wieder im Autopiloten des Essens unterwegs.

Also was war es?

Um diese Antworten „hören" zu wollen, gehört unabdingbare Ehrlichkeit dazu. Ich habe mich schon zu oft angelogen, um es mir erträglicher zu machen.

Ich habe vorhin mit einer Freundin geskyped. Dort hat sie ein Buch erwähnt, welches diese Woche oder nächste Woche günstiger wird. Danach habe ich geschaut. Diese Woche noch nicht, also schaue ich nächste Woche wieder rein. Aber ich schaue ja weiter. Das nächste Buch, welches angezeigt wird, dann scrolle ich weiter, oder ich komme auf Querverweise von Angeboten und weitere Werbung. Und da war ein Buchtitel, der mir Angst gemacht hat. Der etwas in mir berührt hat, irgendwo, weshalb ich jetzt vermeintlich Essen „brauche", damit dieses komische Gefühl wieder verschwindet und erträglicher wird.

„Esssucht – oder die Scheu vor dem Leben!"

WIDERSTAND

„Ich habe doch gar keine Angst! Ich kann sogar Karate! Wovor soll ich Angst haben? Ich scheue keine Konfrontation, ich bin gut reflektiert…."

Alles Geplapper des Verstandes.

Die Klientin, Frau G. die vor lauter Verstand nicht ins Gefühl kam, erwähnte ich schon. Die dann wunderbar zu erklären wusste, was der Verstand jetzt warum macht, die namenhafte Dichter las und diese zitieren konnte und die wunderbar theoretisch unterwegs war. Solange es um Erklärungen geht, um Rechtfertigungen und um Begründungen – da können Sie sicher sein, dass Sie NICHT im Gefühl sind, da redet nur der Verstand. Der alles versucht, um Sie ja nur davon abzuhalten, hinzuschauen. Der nicht möchte, dass Sie die „Büchse der Pandora" öffnen! Weil, so erzählt uns der Verstand, wenn wir schon überfordert sind mit dem, was da manchmal überschwappt, wie sollen wir erst mit der Flut fertig werden, wenn wir es mal wagen, und das ganze Bad mit dem Kinde ausschütten?!?!? UNMÖGLICH! Geht gar nicht.

Gedanken und Verstand

Sie müssen nicht alles glauben, was es in Ihnen denkt.

Haben Sie darüber schon einmal nachgedacht?

Wir identifizieren uns so sehr mit unseren Gedanken, dass wir meinen, wir SIND unsere Gedanken, zumindest sind das UNSERE Gedanken, sonst würden wir sie doch gar nicht denken. Der Verstand arbeitet für uns alle gleich: Es geht immer um Probleme, um Sorgen, um Nöte, Hoffnungen und Ängste. Der Verstand, oder unser impulsives Denken, das ist einfach nur ein Mechanismus in uns. In jedem von uns. Wenn dieser

Mechanismus also in jedem von uns über Sorgen, Ängste oder Hoffnungen redet – wie soll er dann **persönlich** sein??

Gedanken, das kann man sich so vorstellen, als sitzen wir alle inmitten eines riesigen Blumenmeeres. Die Blumen sind da, ich kann sie sehen, sie sind nicht in mir. Ich kann mir allerdings eine Blume näher anschauen, ich kann sie sogar pflücken, ich kann sie auch ausgraben und bei mir direkt in einen eigenen Blumentopf stecken. Ich pflege meine Blume, ich gieße sie, ich sorge für sie, ich dünge sie bestimmt auch, ich hege sie. Was passiert? Sie wird dankbar sein und wachsen. Sie hat jetzt meine Aufmerksamkeit. Und genau das machen wir mit unseren Sorgen, Ängsten, Hoffnungen. Wir „pflücken" uns welche davon raus und hegen sie, beschäftigen uns mit ihnen, sagen ihnen, dass sie „mein" sind. Damit wachsen sie, davon leben sie. Sie müssen gar nicht all die Gedanken pflücken und die daraus resultierenden Probleme lösen – weil es gar nicht Ihre sind. Sie haben sie nur zu Ihren gemacht.

Nicht alles am Verstand ist schlecht, verstehen Sie mich bitte nicht falsch. Das konstruktive Denken ist sehr wichtig. Da geht es um neue Ideen, Möglichkeiten, Visionen, Kreativität, Innovation und Lösungen. Das, was destruktiv ist, ist dieses sich ständige, wiederholende, energieraubende Gedankenkarussell. Nicht nur, dass alles Denken, was dort geschieht, ins Leere führt. Es bindet ja auch unglaublich viel Energie, die, wenn ich sie frei zur Verfügung hätte, sehr viel dienlicher eingesetzt werden könnte. Und hier kommt die unglaublich gute Nachricht: Diese Energie HABEN

Sie frei zur Verfügung! Sie können das für Ihr Leben lernen und Sie können sich dafür entscheiden. ☺

Viele Menschen wollen dieses Denken aber gar nicht loslassen. Dieses Denken erlaubt Ihnen, über die Vergangenheit und Zukunft nachzudenken. Aber oftmals geschieht dies in einem endlosen Strom. Situationen werden immer und wieder durchgekaut, Verletzungen werden so immer wieder durchlebt. Sie erinnern sich, was jemand gesagt oder getan hat, was Sie verletzt hat und sind am Analysieren und am Zerpflücken. Der Verstand, der dieses Gedankenkarussell ständig am Laufen hält, ist eigentlich eine Fehlkonstruktion im Kopf. So ähnlich wie ein Computerprogramm, welches sich selbstständig gemacht hat. Wenn sie sich wirklich mal beim Denken „zuhören", dann erkennen Sie sehr schnell, dass der Verstand sehr negativ ist. Ständig macht er Sie auf Dinge aufmerksam, die nicht in Ordnung sind, nicht gut sind, die ein Problem darstellen. Und ständig nörgelt er, was man hätte besser machen können – und mit der besseren Lösung hätte man bestimmt glücklicher sein können! Das sind einfach Annahmen, die wir haben. Wir hätten es besser machen können. Und deshalb haben wir es uns auch nicht verdient, glücklich zu sein. Wir nutzen dieses Denken und Bewerten, um uns anzutreiben.

Bei unseren Vorfahren war dieser Verstand hilfreich. Er war so etwas wie der Beschützer seines Körpers. Der Verstand musste auf der Hut sein, Gefahren früh erkennen, kontrollieren. Mögliche Gefahren wurden gespeichert, damit uns der Verstand bei ähnlichen Situationen warnen kann. Irgendwann begann in der Evolution die Fehlkonstruktion. Die Entwicklung geschah rascher, das Gehirn konnte sich nicht so schnell mit entwickeln. Im Grunde genommen versucht der Verstand immer noch, uns zu warnen und alles unter Kontrolle zu bekommen. In der heutigen Zeit werden aber vom Verstand die meisten Dinge als Gefahr eingestuft, die gar keine Gefahr sind. Und so bekommen wir durch diese Gedanken ständig die Meldung, dass irgendetwas nicht in Ordnung ist, etwas nicht kontrolliert werden kann oder verbessert werden sollte.

Wie oft haben Sie sich schon Sorgen um etwas gemacht – und es hat sich als vollkommen grundlos erwiesen? Dieser Teil des Verstandes ist einfach Instinkt gesteuert – und reagiert noch wie zur Zeit unserer Vorfahren in der Steinzeit. Ein gutes Beispiel ist der sogenannte „Blackout" in Prüfungssituationen. Eine Prüfung wird vom Verstand als Gefahr eingestuft. Der Steinzeitmensch hatte genau zwei Optionen, um zu überleben. „Fight or Flight" = Kampf oder Flucht. Flucht kommt für unsere Situationen meistens nicht in Frage, wir haben uns ja absichtlich und freiwillig in diese Situation begeben. Also bleibt noch tot stellen. Genau aus diesem Grund fällt einem nichts mehr ein, wenn eine Frage gestellt wird, manchmal noch nicht einmal der eigene Name. Beim „Totstell-Reflex" werden alle Funktionen des Körpers runter gefahren. Deshalb kommt auch manchmal die erlösende Ohnmacht – einfach nur ein Ergebnis vom Runterfahren des Systems in Gefahr. Der Verstand meint schlicht und einfach, dass er durch permanentes Nachdenken Gefahren erkennen und vermeiden kann.

Ok, wie ist nun also die Lösung?

Der erste Schritt ist die Entscheidung, dass Sie Ihrem Verstand nicht mehr alles glauben werden und wollen. Und das ist wie eine liebgewonnene Gewohnheit, auf den Verstand zu hören und festzustecken. Die muss einfach durch eine andere Gewohnheit ersetzt werden. Und die neue Gewohnheit könnte sein: Im Hier und Jetzt zu sein und achtsam und bewusst das zu tun, was Sie tun! In der ersten Zeit kann es sein, dass Sie sich Hundertachtundsiebzig mal am Tag daran erinnern müssen. Na und, was wäre, wenn da gar nichts Schlimmes dran wäre? 😊

Einfach erkennen, dass Sie schon wieder auf den Verstand hören – und ändern es, liebevoll und freundlich! Mit anderen Worten: Seien Sie ganz präsent in dem, was Sie tun. Aus dem Nachdenken über die Vergangenheit und das Sorgen machen für Zukunft bekommen Sie keine Lebensqualität. Der einzige Moment, den Sie genießen können, ist das Jetzt!

Die erstrebenswerten Qualitäten für ein Leben sind Liebe, Freude, Genuss und Glück. Aber auch diese Qualitäten kann ich nur jetzt er-leben. Ich habe mich mit der Angst herumgeplagt, dass ich morgen vielleicht nicht mehr glücklich sein kann. Deshalb habe ich mir die Freude für heute versagt, damit ich irgendetwas mache, verändere oder anstelle, damit mir die Freude für morgen erhalten bleibt. Die einfachste Möglichkeit, im Jetzt zu leben ist, bei allem präsent und bewusst zu sein.

In der heutigen Zeit wird die Eigenschaft der Multitaskingfähigkeit hoch gelobt und jeder ist ganz stolz darauf, viele Dinge gleichzeitig zu schaffen und zu erledigen. Doch für wen oder was ist das überhaupt erstrebenswert? Um immer mehr in immer kürzerer Zeit zu schaffen!? Und dann? Wenn man wenigstens die raus geholte Zeit dafür nutzen würde, um dann endlich bei sich zu sein, ganz präsent im Hier und Jetzt. Mein Sohn meinte mal im frühen Erwachsenenalter, dass sich seine Multitaskingfähigkeit darauf reduziert, kaugummikauend über den Zebrastreifen zu laufen. Er ahnte damals ja noch nicht, was für ein Glück ihm da geschah, dass er auch nicht den Ansporn hatte, mehr zu schaffen. ♥

Wie fühlen Sie sich, wenn Sie mit Ihrer Freundin telefonieren und hören, wie diese nebenbei den Geschirrspüler ausräumt, mit Ihnen am Hörer auf die Toilette geht, dann den Müll mit Ihnen raus bringt und das Mittagessen vorbereitet?

Ich bemühe mich, ganz bewusst und absichtlich nur eine Tätigkeit auszuüben. Das gelingt mir nicht immer. Wie schnell bin ich beim gemeinsamen Frühstück mit meiner Freundin doch am Plappern? Aber was passiert? Dann kann ich meine Aufmerksamkeit nicht voll auf das Essen richten. Wenn sie redet, während ich esse, kann ich ihr zwar zuhören, aber wenn ich ganz ehrlich bin, kann ich mich dann nicht wirklich gut auf das Essen konzentrieren. Niemand findet das in der heutigen Zeit schlimm, die jungen Leute müssen ja jedes Essen auch noch fotografieren und in der Minute noch bei Instagram hochladen.

Wenn ich mich mit Freunden treffe, wird das Handy meistens auf lautlos geschaltet und ich schaue auch nicht alle paar Minuten drauf. Manchmal lasse ich es auch gleich im Auto liegen. Das war mal anders! Aber es hinterlässt auch ein komisches Gefühl, dass, kaum stehe ich auf, um mal auf die Toilette zu gehen, mein Gesprächspartner sofort zum Handy greifen muss.

Wir haben alle so sehr Angst, etwas zu verpassen.

Ich finde, es ist ein sehr schönes Geschenk, meinem Gegenüber die volle und bewusste Aufmerksamkeit zu schenken. Ganz einfach, weil ich mich auch viel besser fühle, wenn mein Gegenüber am Telefon auch bei mir ist und nicht noch 10 andere Dinge nebenbei macht.

Beim Essen hat die Achtsamkeit aber noch eine ganz andere, sehr wichtige Funktion.

Mir ist nie bewusst gewesen, dass der Körper so etwas wie einen Erinnerungsspeicher hat. Das bedeutet, wenn ich nicht bewusst esse, so im Vorbeirauschen, im Stehen oder wie es bei mir noch manchmal der Fall ist: Ich sitze zwar, habe auch Kerzchen an, es ist eine freundliche Atmosphäre – aber in Gedanken bin ich schon bei „nachher". Was ich dann mache, wie ich was angehe, was noch auf der „to-do-Liste" steht. Obwohl ich recht selten „to-do Listen" habe! Und wenn ich eine habe, dann habe ich aber auch eine Liste mit möglichen Ablenkungen, denen ich genauso gerne nachgebe. ☺

Diese Liste finde ich genauso wichtig wie die „to-do_Liste" . ☺ Ich bin dann überall mit meiner Aufmerksamkeit und meinen Gedanken, nur nicht beim Essen. An solchen Tagen passiert es dann, obwohl ich grade eine Mahlzeit gegessen habe, dass mein Körper das nicht mitbekommen hat. Das mag sich jetzt vielleicht komisch anhören bzw. lesen, aber testen Sie es mal selbst. Oder vergleichen Sie mal Ihre Tage. Beobachten Sie sich einfach bei Ihrem Essverhalten.

Wenn Sie bewusst essen, schmeckt das Essen auch viel besser und Sie schmecken das Essen und die einzelnen Zutaten auch viel intensiver! Wann nehmen Sie sich mal die Zeit, Ihr Essen mit allen Sinnen wahrzunehmen? Wann haben Sie das letzte Mal richtig ausgiebig an einem Essen gerochen? Wann haben sie es, außer bei der Zubereitung, gespürt und angefasst? Wann haben Sie mal nachgespürt, wie sich das Essen im Mund anfühlt. Und wo fühlen sie WAS? Was genau mögen Sie eigentlich an Ihrem Lieblingsessen? Und warum?

Eine Veränderung begann, als ich begriffen habe, dass „sich vollstopfen, egal, was der Körper gerade möchte" so absolut nicht freundlich zu mir selbst ist. Und nebenbei gesagt ist es auch kein bisschen liebevoll! Stellen Sie sich mal einen lieben Menschen vor, den Sie sehr mögen. Ihr Kind, oder Ihren Partner. Nun steht der vor Ihnen und hat grade gegessen, er hat vielleicht gerülpst, und sie deuten das als Zeichen: Da muss noch mehr rein. Sie fragen nicht, ob er noch Hunger hat. Sie überlegen und beachten nicht, dass er möglicherweise gerade gegessen hat. Sie schalten nicht Ihr Bewusstsein

ein – es wird einfach rein gestopft. Sie werden jetzt wahrscheinlich sagen: So etwas würde ich NIE machen!! Ja, aber mit uns selbst, da machen wir das ständig.

Ich möchte Sie an dieser Stelle noch einmal einladen und ermutigen, nichts von dem, was ich hier schreibe, einfach so zu übernehmen. Prüfen Sie, was sich für Sie stimmig anfühlt. Ich muss in keinen Satz „Recht haben". Das sind alles nur meine Erfahrungen und meine Erkenntnisse, die ich mit Ihnen teile. Vielleicht lassen Sie sich inspirieren, vielleicht mögen Sie dadurch einen guten, für Sie passenden nächsten Schritt gehen. Tatsache aber ist auch: Gehen müssen Sie den Schritt allein. Es gibt Menschen, die uns begleiten. Es gibt auch Menschen, die uns beraten. Und jeder Mensch hat eine eigene Meinung zu dem Thema. Wenn Sie Schritte vorwärts gehen wollen, sollten Sie sich nicht unbedingt an den Freunden orientieren, die sowieso Ihrer Meinung sind. ☺

Der kleine Hund

Eben habe ich gefrühstückt, so richtig mit allen Sinnen. Ich habe mein Essen angefasst, gerochen, im Mund bewusst herum gedreht, geschmeckt. Und ich habe soviel gegessen, dass ich ein deutliches „Satt" Gefühl hatte. Dann habe ich eine halbe Stunde später irgendwann recht unbemerkt zwei Stück Schokolade in den Mund gesteckt und 10 Minuten später kam noch der Impuls: „ICH WILL JETZT EINE SCHEIBE BROT MIT DICK NUTELLA!"

Was ist denn da jetzt passiert? Ich habe überprüft, was ich eben zu dieser Minute gedacht habe. Nichts auffälliges gefunden. Ok,ok, wenn du die Schnitte haben willst, kein Problem, aber setz dich hin, iss bewusst und genieße es!!!

HÖ??!!?? Ich spürte regelrecht, wie es in mir inne hielt. Ich bewerte mich nicht mehr dafür, dass ich – doch – esse. Aber wenn ich schon esse, dann will ich es auch genießen. Meistens schaffe ich diesen Schritt auch.

Das ist genau wie die Menschen, die ständig über Regen meckern. Hey, der Regen ist da, ob ich nun meckere oder nicht. Und dann kann ich mich auch genauso gut drüber freuen, auch dann wird es weiter regnen, aber ich habe mir nicht den Tag deswegen versaut. 😊

Ich habe wirklich die Scheibe Brot gegessen, obwohl ich wusste, dass ich satt bin. Und mir fiel der kleine Hund einer Bekannten ein. Der ist grade 5 Monate alt, voller Fell und liegt eindeutig lieber auf Fliesen und Laminat als auf Teppich oder Sofa. Aber er hat ein lustiges Spiel entdeckt. Nämlich die Reaktion seiner Menschen, wenn er fröhlich aufs Sofa springt. Wie gesagt, Hund findet Sofa gar nicht so cool, aber morgens, wenn seine Menschin aufgestanden ist, springt er aufs Sofa – und wirklich erst, wenn er sicher ist, dass sie aus dem Bett ist! – und kläfft sogar genau einmal, um sicher zu gehen, dass sie ihn nicht übersehen hat!

Noch lustiger ist die Reaktion, wenn er grade draußen war und nass und schmutzig, dann hat er auch plötzlich die gesamte Aufmerksamkeit aller Menschen im Haus, alle kümmern sich um ihn, locken ihn, lenken ihn ab – Hundi ist zufrieden. Und das Spielchen morgens – er weiß, es hat schon einige Male geklappt, er versucht es einfach weiter. 😊

Was, wenn das mit den plötzlichen Gelüsten genauso ist? Mein Verstand findet ja aus irgendwelchen Gründen, auf die wir später nochmal kommen, dass dieses dicke Gewicht gerade richtig ist für mich. Und er findet es doof, aufmerksam zu sein, zu reflektieren. Und genau wie der kleine Hund versucht auch unser Verstand manchmal, uns mit Ablenkungsmanövern zu Handlungen zu provozieren. Zumindest fühlt es sich so an. Wenn ich jetzt ein absolutes „Gewese" um das plötzliche Gelüst mache, wenn ich nachdenke, mich bedauere, mich bewerte, in mich hineinstopfe – dann ist genau das passiert, was der eigentliche Plan war, von wem auch immer, ob nun vom Unbewussten oder vom Verstand, ist ja erst einmal egal.

Wie geht man denn bei dem kleinen Hund nun vor, damit es Wirkung zeigt?

Er sitzt ja eh schon auf dem Sofa! Ob ich mich nun darüber aufrege oder nicht! Dann kann er auch noch zwei Minuten länger dort sitzen! Denn wenn ich nichts mache, einfach annehme, was ist, die Energie einfach durchlasse…dann verliert dar kleine Hundewelpe das Interesse am Tun und springt freiwillig runter, sofern wirklich keine Reaktion kommt!

Mein absolut unlogisches Gelüst ist ja eh schon da, also muss ich auch nicht so tun, als wäre es nicht da! Ich kann noch machen, was mir möglich ist, Fragen stellen. Aber manchmal, so meine Erfahrung, ist es einfach ok, dem stattzugeben. Und manchmal reicht dann eine halbe Scheibe, oder ein Bissen vom Essen. Manchmal futtere ich alles auf, auch in Ordnung. Wichtig ist, sich nicht beschimpfen, nicht bewerten, denn damit verschwindet es nicht und ich ziehe mich damit in eine Abwärtsspirale.

Studien haben bewiesen, dass im Gehirn die Areale für bewusste Entscheidungen 10 Sekunden VOR der bewusst wahrgenommenen Entscheidung schon aufleuchten und aktiv sind. Also Handlungen, von denen wir meinen, wir hätten sie spontan entschieden, sind schon lange vorher von unserem Unterbewussten entschieden worden. Vielleicht hilft ihnen diese Information, dass Sie sich weniger bewerten.

Jeder kennt dieses Beispiel mit dem Eisberg, der verglichen wird mit unserem Unterbewusstsein. Nur 10 % eines Eisberges ist der sichtbare Teil, der viel größere und entscheidendere Teil ist der nicht sichtbare Teil. Wir gehen bislang immer davon aus, dass wir mit den 10% alles regeln können, so will es unser Verstand uns ja auch plausibel erklären, weil der das Gefühl der Kontrolle und Sicherheit sucht und meint, es zu brauchen. Eigentlich ist diese Annahme etwas naiv.

Teil 2: Missverständnisse und Fallen auf dem Weg

Kontrolle

Was würde sich an Ihrem Weltbild ändern, wenn Sie den Gedanken mal zulassen, dass wir gar nicht so viel in unserem Leben kontrollieren können, wie wir immer meinten?

Ich habe etliche Jahrzehnte lang versucht, mit dem herkömmlichen Denkmuster mein Gewicht „unter Kontrolle" zu bekommen. Es ist mir nicht gelungen! Und schlimmer noch, weil ich meinte, ich KÖNNTE die Kontrolle haben, habe ich mich ja auch viele Jahre lang bewertet, weil ich ja nach dieser Definition versagt habe. Der Gedanke, dass ich gar nicht anders konnte, als so zu handeln, wie ich gehandelt habe, hat mir ganz viel von dem Druck genommen. Kontrolle war auch in meinem Leben ein sehr großes Thema.

Meine Kindheit war ziemlich schwierig. Mein Vater war Alkoholiker, meine Mutter mit zwei kleinen Kindern und der Trauer über das mit wenigen Monaten verstorbene Erstgeborene überfordert. Aus meiner Wahrnehmung und Erinnerung habe ich viel Schläge bekommen. Das mag damals so „üblich" gewesen zu sein, ich hatte dadurch jedoch nie das Gefühl eines sicheren Zuhauses. Es geht mir hier gar nicht darum, eine Bewertung über meine Kindheit oder Erziehung abzugeben oder meinen Eltern Vorwürfe zu machen.

Ich bin mir sicher, dass sie aus ihrer Sicht und ihrem Vermögen das Beste gegeben und getan habe. Dennoch darf ich meine Erinnerung und Ansicht nicht beiseite wischen und auch, dass ich meine Kindheit traurig und unglücklich fand, auch diese Ansicht darf ich haben.

Genau so entstehen ja Verwirrungen.

Als Kind habe ich wahrgenommen, dass mir meine Mama in einem bestimmten Bereich nicht zur Verfügung stand. Weil sie das vielleicht selbst traumatisch erlebt hat, weil sie da etwas abgespalten hat. Dort, wo wir etwas abspalten, ist das für andere spürbar. Aber niemand mag dazu stehen, wahrscheinlich kann das der traumatisierte Mensch auch gar nicht. Dann spürt das Kind, dass dort etwas nicht stimmig ist. Ihm wird vielleicht erzählt, dass es geliebt wird, es spürt in diesem Bereich aber gar keine Liebe. Und da dem Kind beigebracht wird – oder zumindest in meiner Kindheit wurde mir das so beigebracht, dass die Erwachsenen immer Recht haben, fängt das Kind an, an sich zu zweifeln und befindet sich in einer Verwirrung. Wenn ein Kind keine Erfahrung von Sicherheit machen konnte, ist Kontrolle ein wichtiger Mechanismus. Es ist zumindest der Versuch, etwas kontrollieren zu wollen. Dass ich nichts kontrollieren kann, ist mir erst viele Jahrzehnte später bewusst geworden. Wenn ich versuche, etwas zu kontrollieren, bringt mir das vielleicht weniger Schmerz, weniger Schläge, weniger Strafe, so ist die Hoffnung dahinter. Es funktioniert nicht wirklich, aber das Gefühl ist dabei wichtig, überhaupt etwas machen zu können.

Kontrolle war also für mich ein bewusstes Instrument, bekannt und regelmäßig angewandt. Ist ja fast logisch, dass ich versuchte, in allen Bereichen mein Leben zu kontrollieren – einschließlich meines Gewichts. Und da ist es mir am wenigsten gelungen. Nahezu fünf Jahrzehnte habe ich versucht, mein Essen zu kontrollieren, machte mir gefühlt Millionen Gedanken um Essen, Diäten, Nahrung. Versuchte, die Ursachen für mein Gewicht herauszubekommen und mit jeden „Puzzlestück" Wissen, das ich fand dachte ich: „JETZT habe ich es, jetzt weiß ich, wie es geht"

Keines dieser vermeintlich fehlenden „Puzzlestücke" hat mir auch nur ein Stück weit geholfen, näher an mein Wunschgewicht heranzukommen.

Ok, nochmal kurz zu der Kontrolle. Was ist Kontrolle eigentlich genau? Laut Wörterbuch ist es ... „die dauernde Überwachung, Aufsicht und Überprüfung"... um ein bestimmtes Ergebnis erzielen zu können, so meine Ergänzung. Ich würde es mal im menschlichen Bereich definieren mit: mangelndes Vertrauen.

Wenn ich genug Vertrauen habe, brauche ich nichts zu kontrollieren.

Wenn ich im Frühjahr einen Samen einer Blume einpflanze, habe ich das Vertrauen, dass dort nach einigen Wochen eine wunderschöne Blume gewachsen ist. Das muss ich nicht kontrollieren, das habe ich schon sehr oft so erlebt, da fühle ich mich „sicher" und muss auch nicht alle drei Tage den Samen ausgraben um zu schauen, ob da wirklich noch ein Same ist und ob er schon zu keimen begonnen hat. Ich vertraue also darauf, dass dieser Same bei guten Bedingungen eine schöne Pflanze hervorbringt. Ok, jetzt könnte der Einwurf kommen, dass ich ja die Bedingungen überwache. Ich würde mal sagen, es kommt drauf an, WER da sät und zu welchem Zweck. Ein Gärtner, der das beruflich macht, hat ein ganz anderes Interesse, dass und wann und wie der Same wächst.

Mit meinem Körper und beim Essen hatte ich dieses Vertrauen nie! Woher denn auch? Meine Mutter hat mir früh deutlich gemacht, dass ich so, wie ich bin, nicht richtig bin und ich wurde früh zu Diäten gedrängt. Als Kind habe ich das nie hinterfragt und bin davon ausgegangen, dass die Erwachsenen natürlich Recht haben und habe diese Tatsache nie angezweifelt. Wenn man als Kind etwas älter wird, kommt man gar nicht umhin, Fernsehen und Zeitungen und Bücher zu konsumieren, wo auch ein ganz bestimmtes Schönheitsideal dargestellt wird. In der Findungsphase der eigenen Identität ist das ziemlich prägend, wenn man keine anderen Werte vermittelt bekommen hat. Und die Signalbotschaft aller Diäten lautet: Kontrolliere dein Essen, kontrolliere deinen Körper! Mein Nachsatz, der zwar nie ausgesprochen irgendwo stand, aber doch irgendwie gemeint ist: Denn dein Körper ist falsch, kaputt oder aus irgendwelchen Gründen nicht in der Lage, dass selbst gut genug hinzubekommen!

Bei den Weight Watchers steht das ja sogar im Namen: GEWICHTS WÄCHTER (oder Beobachter). Wenn ich dann mal versucht habe, eine Diskussion dort (bei den Weight Watchern) anzuregen, die über Punkte zählen hinaus ging, wurde ich nur komisch angeschaut. Schon immer hatte ich die Ahnung in mir, dass das nicht stimmen kann. Ich glaubte nicht, dass wir einen so komischen, desolaten Körper zur Verfügung haben, den wir ständig kontrollieren müssen, der allein nicht dazu in der Lage ist . Oder wo der Körper nur bei sehr wenigen Menschen auf dieser Welt richtig funktioniert, die sich scheinbar um Essen, Gewicht, Aussehen und Diäten nie Gedanken machen müssen. Wenn wir natürlich alle ein „Norm-maß" anstreben, dann wehrt sich der Körper, wer möchte schon gern in eine Schablone gepresst werden? Schon allein die Botschaft, die wir unserem Körper und jeder einzelnen Zelle damit senden, kann sehr destruktiv sein: „Du bist nicht richtig so!" Das haben wir doch irgendwo schon mal gehört...

Bewertungen

Ich hatte mal eine Vision: Stellen Sie sich mal vor, eines Morgens wachen Sie auf und haben KEINERLEI Bewertungen darüber, wie Sie aussehen. Sie SIND einfach. Sie finden dünn sein nicht schön oder schlecht. Sie haben keine Meinung über ein Doppelkinn. Sie finden einen Bauch nicht furchtbar und Dellen am Oberschenkel sind einfach da, ohne sie als Cellulite zu betiteln und sich frühmorgens damit schon die Laune zu verderben. Dann gehen Sie einkaufen und niemand schaut Sie komisch an, weil der Pullover spannt. Sie machen sich keine Gedanken darüber, wie andere auf Ihr Aussehen reagieren könnten, egal ob Sie Narben im

Gesicht haben, nur ein Bein, dünne Haare oder Haarausfall ...

Meine Lieblingsfrage an dieser Stelle lautet: Was würde sich ändern, wenn Sie keine Bewertungen mehr über sich hätten?

Niemand zwingt Sie, SO über sich zu denken, wie Sie bisher über sich denken!

Das machen Sie in der Hoffnung, dass Sie das antreibt, sich doch noch irgendwie zusammen zu reißen, sich doch noch zu einer Diät zu motivieren oder zu dem zu verändern, von dem Sie meinen, dass es besser oder richtiger wäre. Haben Sie sich darüber schon einmal Gedanken gemacht? Warum bewerten Sie sich eigentlich? Was ist der Sinn und Zweck dabei?

Alle Veränderung beginnt mit Erkenntnissen und damit, sich Dingen bewusst zu werden.

Ich habe mal ein dreiwöchiges Seminar mitgemacht, wo mir bewusst geworden ist, dass Bewertungen nur bei uns Menschen vorhanden sind. Kein Tier hat eine Bewertung über sich oder über die Menschen. Deshalb sind Haustiere auch so dermaßen beliebt, auch wenn das nicht wirklich der offensichtliche Grund ist. Vielen Menschen ist das mit den Bewertungen ja nicht bewusst. Aber auch die Natur bewertet nicht! Kein Plattfisch schwimmt durch den Ozean und denkt sich: Oh, der Kugelfisch sieht so adrett aus, solch schöne Rundungen hätte ich aber auch gern. Die Natur IST einfach, die Tiere SIND einfach!

In der Film-Komödie „I feel pretty" wird das sehr anschaulich gezeigt. Eine pummelige Dicke fällt in einem Fitnessstudio vom Fahrrad und stößt sich übel den Kopf. Als sie aus ihrer kurzen Ohnmacht erwacht, sieht sie sich plötzlich schlank und schön. Für ihr Umfeld hat sich nichts verändert, aber da sie aufgrund ihres eingebildeten, veränderten Äußeren eine ganz andere Wahrnehmung und ganz andere Ansichten und Bewertungen über sich hat, kommt sie auch bei ihrem Umfeld plötzlich ganz anders an und wird anders wahrgenommen.

Ich kann den Film empfehlen, wenn man sich wirklich mal Gedanken darüber machen möchte, wie sich die eigenen Ansichten und Glaubenssätze auf alles auswirken.

Überhaupt bin ich ein großer Fan von Fragen.

Fragen

Fragen erweitern das Leben. Alle Schlussfolgerungen, Projektionen, Ansichten und Bewertungen machen das Leben irgendwie eng. Wenn ich sowieso schon etwas beschlossen habe, nehme ich gar nicht mehr wahr, was sonst noch da ist, ich sehe keine anderen Möglichkeiten. Wenn ich zum Beispiel der Ansicht bin, dass es unmöglich ist, in der Stadt xxx unter dem Betrag xxx eine gute Mietwohnung zu bekommen – dann schaue ich ja auch gar nicht mehr danach. Ich stelle keine Fragen, unterhalte mich nicht darüber – höchstens mit Menschen, die der gleichen

Meinung sind wie ich, wenn ich lamentiere: Es gibt keine Wohnungen in xxx unter xxx (Betrag) Miete.

Wissen Sie, was ich meine? Sie haben ja schon beschlossen, dass es so ist, das ist für Sie eine Tatsache. Sie sind gar nicht mehr offen. Und oftmals erwische ich mich bei Ansichten und Schlussfolgerungen, wo mir gar nicht bewusst war, dass ich da eine Sicht wie mit Scheuklappen habe.

Nehmen wir mal eine Geschäftsidee. Man hat bestimmte Vorstellungen, wie man das Geschäft aufbauen möchte. Man hat von den Kunden eine Vorstellung, von den Einnahmen, von der Lage. Eigentlich von allem, das wird uns ja auch so beigebracht. Wenn man dafür einen Kredit benötigt, muss man der Bank ja auch einen Geschäftsplan vorlegen. Aber dabei sind wir sehr eingeschränkt. Wenn es nicht genau so läuft, wie wir uns das vorgestellt haben, sind wir zum Beispiel sehr schnell dabei, das Geschäft zu bewerten und urteilen sehr schnell alles als „Versagen" ab. Dabei müssen wir gar nicht versagt haben. Wenn wir uns in solchen Momenten einfach gestatten würden, eine andere Sichtweise als die bisherige einzunehmen, dann ist wieder viel mehr möglich! Wenn ich wegkomme von der Bewertung, dass das Geschäft nicht gut läuft und mich das runter zieht, kann ich mehr sehen als das, was ich schon beschlossen habe. Es kann ja sein, dass etwas einfach verändert werden darf. An der Idee, an den Mitarbeitern, an der Ausführung (das haben wir aber immer schon so gemacht), an der Lokalität. Es ist eine andere Energie, wenn ich in der Frage bin als die Energie, wenn ich in

Sorge bin und aus dieser Energie heraus versuche, etwas zu richten.

So eine Situation kennt vielleicht jeder: Irgendetwas ist schiefgelaufen, jedenfalls haben wir das in diesem Moment so empfunden und wir wollen das sofort „weg haben". Vermeintlich schlechte Gefühle entstehen und wir wollen aus einem wilden Aktionismus heraus sofort etwas an der Situation ändern. Mit dieser Energie werden wir aber nicht viel Positives ausrichten, zumindest sagt das meine Erfahrung, wenn ich in der Vergangenheit so gehandelt habe.

Wenn wir das aber gar nicht als Problem bewerten, wenn wir das nicht mal als gut oder schlecht bewerten, dann können wir viel klarer handeln und sein.

Wie wäre es denn, wenn wir uns, unser Aussehen, unsere Kilos, die wir scheinbar zu viel haben und unser süchtiges Verhalten auch nicht bewerten? Wenn es einfach ist, wie es ist. Wäre das nicht mal ein Versuch wert?

Ich lade Sie ein zu einer Challenge! 😊 Fangen wir mal mit einem Tag an. Ein Tag ist machbar. Einen Tag lang bewerten Sie sich nicht. 😊 Wollen Sie das nicht mal ausprobieren? Vielleicht verändert das ja einiges in Ihrem Leben. Vielleicht bekommen Sie dadurch eine winzige Veränderung in Ihrem Bewusstsein. Aber wer will das schon!? 😌

Das bedeutet, wenn Sie sich darauf einlassen, dass Sie mal einen Tag lang Ihre Gedanken beobachten. Wenn Sie dann also feststellen, dass Sie grade wieder dabei waren, sich zu bewerten, dann machen sie sich nicht fertig dafür, schimpfen auch nicht mit sich selbst, sondern registrieren das einfach und machen weiter. Ganz einfach geht das, indem Sie sich entweder ein kleines Gummiband um das Handgelenk machen und jedes mal, wenn Sie sich beim Bewerten ertappen, wechseln Sie einfach das Handgelenk, also das Gummi auf das andere Handgelenk machen. Sie können alternativ auch einen kleinen Stein oder Ring in der Hosentasche tragen oder einen Chip – seien Sie kreativ! 😊 – und wechseln dann jedes Mal die Seite der Hosentasche.

Ich habe diese Challenge selbst schon gemacht und bin sogar auf 30 Tage gegangen. Mehr noch, ich habe nicht nur meine eigenen Bewertungen über mich registriert, sondern auch über andere, alle negativen Gedanken und alles, was wie lästern oder über andere reden aussah. Können sie sich vorstellen, wie oft ich in den ersten Tagen das Gummiband von einem Handgelenk auf das andere wechselte? Die Kunst ist, am Ende des Tages nicht frustriert zu sein wegen der Dinge, die sich da offenbaren.

Ich kann Ihnen versichern, zum Ende der 30 Tage wurde die Bilanz wesentlich besser! Und oft war es so, dass ich mich im Vorfeld eines Gedankens schon stoppen konnte. „Wenn ich das jetzt denke oder sage, muss ich wieder wechseln...."...es war mir dann irgendwann die Mühe gar nicht mehr wert.

Möchten Sie diese Erfahrung nicht auch mal machen? Versuchen Sie es und schreiben sie mir gerne, ich freue mich immer über Berichte und Erfahrungen!

Das Ergebnis lohnt sich dafür auf jeden Fall, und genau deshalb möchte ich Sie zu dieser Challenge einladen. Es ist so wundervoll, freundlicher und liebevoller zu sich selbst zu sein. Nicht mehr der eigene, schärfste Kritiker zu sein, sondern eine kleine Idee zu bekommen, dass es ein lohnenswertes Leben sein kann, wen man sich weniger bewertet – im Optimalfall gar nicht mehr.

Ich habe schon viele Diskussionen über Bewertungen geführt und es kam gar nicht mal selten das Argument, dass viele Menschen meinen, sich mit Bewertungen oder Kritik auch anzutreiben, besser zu werden, mehr zu leisten und zu erreichen. Ist das wirklich so? Wie fühlen Sie sich denn, wenn Sie permanent an sich herumkritisieren? Sich permanent niedermachen und bewerten? Ich habe mich dann gefragt, wann denn endlich der Punkt kommt, wo ich mich auch freuen darf, wo ich mich wohlfühlen darf, wo ich „genug" bin. Irgendwie gelangte ich in dieser Phase niemals an diese Stelle.

Ein ganz wichtiger Punkt bei den ganzen Bewertungen ist ja, dass mein Körper genauso aussieht, wie ich von ihm denke.

Widerstand

Ich kann mir vorstellen, was dieser Satz jetzt bei Ihnen auslöst. Auch ich hatte ganz lange damit zu kämpfen und war im Widerstand. Aber ich habe gelernt, dass mein Widerstand die beste Gelegenheit ist, um zu lernen - an mir zu lernen, von mir zu lernen. Wenn das kein Thema von mir wäre, was mich da an triggert und den Widerstand auslöst – dann würde es nämlich nichts bei mir auslösen. Dann hätte ich keine Gefühle dazu.

Das trifft übrigens auf jeden Widerstand zu!

Aber auch hier ist das eine wunderbare Möglichkeit, einen weiteren Schritt auf sich selbst zuzugehen. Ich kann weiter der Meinung sein, dass alle anderen doof sind oder ich kann schauen, warum ich denn so reagiere, wie ich reagiere. Denn egal wie, aber wenn ich reagiere, dann habe ich da ja eine „Ladung" drauf.

Auch hier meine Einladung an Sie, mal zu schauen. Mögen Sie mal mitmachen? Dann holen Sie sich mal einen Stift und notieren Sie hier, was sie denn so aufregt?! Was nervt Sie grade? Worüber regen Sie sich auf? Was läuft doof in Ihrem Leben?

....

....

....

....

....

....

....

....

....

....

....

....

....

....

....

....

....

....

....

....

....

....

....

....

....

Wir arbeiten später damit, wenn Sie mögen. ☺ Wir kommen dann auf Ihre Liste zurück, aber es wäre schon gut, wenn sie das jetzt auch gleich mitschreiben. Alles, was wir notieren, können wir vergleichen, wenn wir damit gearbeitet haben.

Was nervt Sie an den anderen Menschen am meisten? Wenn jemand absolut unzuverlässig ist? Wenn jemand unpünktlich ist? Wenn jemand gedankenlos ist? Wenn sie jemand kritisiert? Wenn jemand zu langsam vor ihnen herfährt? Wenn jemand sich nie entscheiden kann?

Fertigen Sie einfach die Liste an, bewerten Sie nichts davon, überlegen Sie nicht, ob man das schreiben könnte oder sollte, sortieren sie nichts.

Auch hier greift die Tatsache, dass diese Dinge Sie nur nerven, weil Sie Teile davon in sich haben. Weil Sie diese Teile in sich ablehnen, wenn Sie andere beneiden. Wenn andere diese Dinge, die Sie so nerven, freiheitlicher leben, weil andere sich weniger Gedanken darüber machen als Sie.

Glaubenssätze und Glaubensmuster

Viele dieser Dinge entspringen direkt unseren Glaubensmustern, die wir als Kind übernommen haben. Uns wurde etwas gesagt, das haben wir ungefiltert übernommen und geglaubt.

Fragen Sie sich einmal, was es für kleine „Sprichwörter" oder Sätze gab, die immer wieder in der Familie gesagt wurden.

So etwas wie: „Erst der Spaß und dann das Vergnügen"

„Ohne Fleiß keinen Preis"

„Was der Bauer nicht kennt, das frisst er nicht"

So gibt es unzählige Sätze, die in uns weiterleben, uns begrenzen, unser Leben dominieren, oftmals ohne dass uns das groß bewusst ist.

Bei mir im Ort lebt eine Familie, die sicher ziemlich reich ist – so scheint es zumindest und so sieht es von außen aus. Großes Haus, großes Grundstück, große Autos, als Drittwagen der Lamborghini. Der Familienvater erzählte mir bei einem gemeinsamen Hundespaziergang, dass er nicht mehr wirklich arbeiten müsse, er hat jetzt genug Geld. Ich dachte mal darüber nach, wie es den zwei Kindern gehen würde. Ich sah sie groß werden und ahnte, dass das Mädel sich keinen armen Auszubildenden anlächeln würde, der die Lehre als Automechaniker durchläuft, um dann in seinem ganzes Leben mit einem solchen Gehalt auskommen zu müssen. Und so war es auch. Schon ihr erster Freund hatte ein schickes Auto und Markenklamotten an. Dieses Mädel hat nie einen Gedanken an wenig Geld verschwendet, Armut kam in ihrem Wortschatz höchstens mal vor, dass sie die Definition weiß – aber mit ihrem Leben wird das nichts zu tun haben.

Woran liegt das nun? Glück gehabt? Ich denke nicht. Das Mädel hat einfach andere Glaubenssätze gehabt, die sie zumindest auf dem finanziellen Sektor nicht eingeschränkt haben, die sie groß denken lassen haben, in der Größe, wie auch der Vater groß denken konnte. Das war eine Selbstverständlichkeit bei denen, so wie in meiner Familie andere Glaubenssätze eine Selbstverständlichkeit waren.

Da es mir so derart aufgefallen ist, ist mir dann irgendwann bewusst geworden, dass ich da ja scheinbar ganz andere Glaubenssätze habe, sonst hätte ich ja ein anderes, sichtbares Ergebnis in meinem Leben.

Mir ist auch da sehr deutlich bewusst geworden, dass unser Leben geprägt wird von unseren Ansichten und Glaubensätzen.

Glaubenssätze sind Bewertungen, die wir als selbstverständlich oder notwendig annehmen und als Grundlage unseres Handelns verwenden.

Wenn ich erkenne, dass meine Bewertung gar nicht notwendig ist und ich nur geglaubt habe, dass die Bewertung wichtig und notwendig war, verliert dieser Glaubenssatz seine Daseinsberechtigung und wird nicht mehr benötigt.

Bei einem Glaubenssatz glaube ich, dass ich etwas weiß, wobei ich, wenn ich den Glaubenssatz loslassen kann, erkenne, dass ich nur etwas GEGLAUBT habe, anstatt etwas zu wissen.

Glaubenssätze sind Scheinwissen. Ein Wissen, welches ich als wahr ansehe – bis ich diesen Wahrheitsgehalt bereit bin, zu überprüfen.

Wenn ich dann zu der Erkenntnis komme, dass daran gar nichts wahr ist, sondern alles nur auf nur Annahmen basiert, dann bricht seine Wirkung auf meine Handlungen, auf mein Denken und Fühlen ein – und ich werde frei.

Aber hier nun die gute Nachricht: Wir können alle unsere Ansichten ändern und unsere destruktiven

Glaubenssätze durch gute und konstruktive, dem Leben dienliche, ersetzen.

Dazu müssen wir nicht akribisch unsere gesamte Vergangenheit durchforsten und alle Glaubenssätze aufspüren! Stellen Sie sich mal vor, wir übersehend dabei einen!

Auch damit arbeiten wir später in diesem Buch. Aber die Lösung ist gar nicht so schwer, wie viele meinen. Es geht einfach darum, wohin wir unsere Aufmerksamkeit richten.

Ich bin ein Fan von Lösungsorientiertheit und verweile nicht mehr gerne beim „Problem".

Weil... wenn ich beim Problem verweile, gebe ich dem Problem Aufmerksamkeit und „Nahrung". Diese Energie, Aufmerksamkeit und Nahrung möchte ich dann lieber der Lösung geben und widmen. Sie erinnern sich noch an die Blumen, die einfach da sind?

Also ein guter erster Schritt wäre, sich auch hier aufmerksam zu beobachten. Und immer, wenn ich mich dabei erwische, dass meine Aufmerksamkeit auf dem Problem liegt, ziehe ich erst mal meine Aufmerksamkeit davon ab. Ein Problem ist es übrigens nur, weil ich es als Problem definiert habe! Was wäre, wenn es gar kein Problem wäre? Ja, ich weiß, ich höre sie innerlich aufstöhnen: Aber es IST doch ein Problem!! Ist es das wirklich? Immer, wenn ich etwas als Problem definiere, habe ich ja schon ein bestimmtes Bild im Kopf.

Probleme sind schwer, machen Sorgen, Schwierigkeiten, sind auf keinen Fall leicht zu beseitigen.

Probleme, das sind schwer zu lösende Aufgaben, etwas, was Ärger oder Unannehmlichkeiten bereitet. Schon allein, wenn ich mir das durchlese, was ein Problem ist, wird es mir schwer ums Herz. An Probleme denkt niemand gerne.

Deshalb habe ich irgendwann mal für mich beschlossen, dass ich meine Aufmerksamkeit davon abziehen möchte. Davon allein wird das Problem nicht immer verschwinden. Aber wenn ich mich und meine Energie und meine Aufmerksamkeit auf eine Lösung konzentriere und ausrichte, dann habe ich im Endeffekt dasselbe Ergebnis, aber mit einer schöneren Energie.

Wenn ich mich voll auf eine Lösung fokussiere, dann ist mir leicht ums Herz und ich bin motiviert und voller Energie. Und wenn ich eine Lösung herausarbeite und daran arbeite, verschwindet das Problem ja eh von ganz alleine. Also ich finde, dass ich mich da ziemlich pfiffig entschieden habe. ☺

Sie meinen, das geht nicht so einfach? Ich mache es mir da zu leicht? Dann würde ich Sie fragen: Wer sagt denn, dass es nicht leicht sein darf? ☺

Vielleicht entpuppt sich dieser Satz auch als einen der alten Glaubenssätze, dass wir meinen, nur wenn etwas „schwer" ist, ist es richtig oder richtige Arbeit. So leicht kann es ja nicht sein, das haben uns unsere Eltern wahrscheinlich auch nicht vorgelebt. Und auch nur, wenn man etwas „Schweres" geschafft hat, fühlt man sich, als hätte man auch wirklich etwas geschafft. Woher kommt das nur, dass es nicht leicht sein darf? Nur ein

Luftikus macht es sich leicht, oftmals auch auf Kosten anderer.

Implikation Problem

Wenn wir nun etwas, ob nun innerlich oder laut ausgesprochen, als Problem definieren, tauchen wir in eine ganz bestimmte Energie ein. Nämlich die Energie, die wir mit dem Wort „Problem" verknüpft haben. Das Wort an sich ist ja nur eine Anreihung von Buchstabenfolgen, aber wir haben dieser Anreihung eine Bedeutung gegeben. Die meisten dieser Bedeutungen sehen viele Menschen ähnlich, selten aber sind sie identisch – was so manche Schwierigkeiten in der menschlichen Sprache und im Miteinander der Kommunikation erklärt.

Nehmen wir mal das Wort Kirsche.

Sie haben automatisch ein bestimmtes Bild im Kopf. Sie wissen, ohne groß drüber nachzudenken, wie eine Kirsche aussieht. Sie wissen, wie sie schmeckt, wie sie riecht. Sie wissen, ob Sie Kirschen mögen, ob sie die als „gut" oder schlecht einstufen und was damit zu machen ist. Vielleicht haben Sie noch weitere Daten im Kopf, die genauso blitzschnell abrufbar sind. Wie viele Kilokalorien 100g Kirschen haben oder welche Vitamine in einer Kirsche enthalten sind. So ticken wir Menschen, das ist weder gut noch schlecht - es IST einfach.

Und es kommt ja auch noch darauf an, welche Bedeutung Sie dem Wort geben. Ich finde Kirschen super lecker, habe selbst einen Baum im eigenen Garten stehen, den wir damals selbst gepflanzt haben und habe noch nie leckerere Kirschen gefunden als die in meinem Garten. Der Freund meiner Tochter hat andere Erfahrungen mit Kirschen verknüpft. Vielleicht auch lecker, aber für ihn kommt gefährlich hinzu und etwas, was vermieden werden sollte, weil er allergisch darauf reagiert. Ein anderer Mensch wiederum mag vielleicht keine Kirschen, die sagen ihm einfach nicht zu.

Und genauso hat unser Gehirn Verknüpfungen mit dem Wort „Problem" hergestellt.

Wenn Sie also etwas als Problem definieren, ruft Ihr Gehirn sämtliche Verknüpfungen dazu in Sekundenschnelle ab und automatisch stellt sich eine gewisse Erwartungshaltung ein. Was ein Problem ist, wie es Ihnen damit geht, wie ein Problem behandelt werden sollte und was ein Problem mit Ihnen macht. Es ist Ihre Entscheidung, gar keine Frage, aber möchten Sie wirklich jedes Mal alle Emotionen und Empfindungen, die Sie mit dem Begriff Problem verknüpft haben, abrufen? Hilft Ihnen das für Ihre Situation wirklich? Oder wäre es manchmal auch eine Möglichkeit, eine Situation zu betrachten, ohne eine Bewertung dazu abzugeben? Denn wenn ich etwas als Problem definiere, dann habe ich dazu auch gleich Erwartungen, Projektionen und Schlussfolgerungen (wird schwer, kaum lösbar, geht mir nicht gut damit, möchte ich vermeiden). Und da ich schon beschlossen habe, dass es doof ist, ein Problem zu haben, kann es in dieser Situation auch gar nicht anders kommen.

Egal, was Sie beschlossen haben – Sie haben immer Recht!

Denn das Gehirn macht sich immer auf die Suche nach Beweisen für Ihre Annahmen. Deshalb ist es egal, an was Sie glauben, Sie werden immer Beweise finden!

Das liegt daran, dass das Gehirn filtern muss!

Jeden Augenblick prasseln Millionen Sinneseindrücke auf unser Gehirn ein, bewusst nehmen wir davon grade mal 0,1 % wahr, wird von Gehirnforschern vermutet. Unser Gehirn selektiert nun, wie eine gute Vorzimmerdame, wer durchkommt und wer nicht. Und genau deshalb werden Eindrücke verarbeitet und in Schubladen gepackt: Damit wir schneller auf die schon gemachten Erfahrungen zurückgreifen können. Das ist in manchen Situationen durchaus sinnvoll, aber in manch anderen eben nicht. In der heutigen, technisierten Welt, die so schnelllebig ist, beurteilt unser Gehirn manche Dinge als falsch. Die Entwicklung ging so schnell, dass unser Gehirn gar keine Möglichkeit hatte, sich so schnell umzustellen. Wo die Steinzeitmenschen sich tatsächlich noch mit einem Säbelzahntiger auseinandersetzen mussten, stuft unser Gehirn heute Situationen als Gefahr ein, wo wir so ähnlich reagieren, als hätten wir einen Säbelzahntiger vor uns. In Prüfungssituationen, wenn der Blackout sich zeigt, ist das nichts anderes, als würde ich mich in früheren Situationen tot stellen oder zur Flucht vorbereiten = keine Kapazität mehr fürs Gehirn, nichts mehr übrig zum Denken.

Da also unser Gehirn mit seinen Beurteilungen nicht immer richtig liegt, stelle ich mir die Frage, ob ich dann wirklich immer alle vergangenen Erkenntnisse und Ergebnisse als Grundlage für meine Handlungen auswählen sollte.

Energie folgt der Aufmerksamkeit – das ist mir auf vielen Ebenen schon ganz deutlich bewusst geworden.

Wenn ich nun etwas als Problem deklariere – worauf liegt dann meine Aufmerksamkeit? Na klar, auf dem Problem (und seinen Folgen, mein Denken darüber, der Umgang damit) – und sicher nicht auf der Lösung. Das ist auch der Grund, warum ich nicht mehr Problem-orientiert arbeite. Ich habe eine mehrjährige Ausbildung zur Traumatherapeutin absolviert, dort wird sich aber sehr oft auf das Problem fokussiert und Lösungsansätze kamen mir zu kurz! Heute schaue ich mit meinen Klienten auf die Lösungen: Wohin soll es gehen? Was ist ein mögliches, gutes Ziel? Dann gebe ich einige „Tools" an die Hand, Werkzeuge, die funktionieren, einem das Leben leichter machen – aber auch nur, wenn sie angewandt werden! Nur vom Lesen, darüber Reden oder Philosophieren verschwindet meistens nichts von dem, was ich als „Problem" definiert habe.

Viele Menschen hoffen, wenn sie dasselbe machen wie immer, dass sich doch irgendwie ein neues Ergebnis zeigt – weil sie ja schließlich über das „Problem" nachgedacht habe. Gewohnheiten ändern ist unbequem, oftmals muss man dazu auch seine geliebte Komfortzone verlassen. Und manchmal braucht man auch einfach Geduld, Beständigkeit und Hartnäckigkeit. Diese Eigenschaften lehnen viele Menschen ab, grade wenn es um Heilung oder Gesundung geht. Wir sind verwöhnt vom Arzt, der seinen Rezeptblock zückt und etwas aufschreibt. Schmerzen sollen schnell weggehen, eigentlich soll jedes Leid schnell verschwinden, damit wir uns nicht mehr länger damit auseinandersetzen müssen!

Dabei ist es recht sinnvoll, wenn wir uns die Mühe machen, auf unseren Körper zu hören. Wenn wir es schaffen, schon vorher auf ihn zu hören, dann muss der Körper sich nicht in der Materie, in der Stofflichkeit mitteilen. Denn wenn wir ganz ehrlich sind, dann haben wir schon lange zuvor Signale von unserem Körper bekommen, dass irgendetwas nicht mehr im Gleichgewicht ist. Aber diese Stimme ist so zart und fein, und es hat ja scheinbar noch keine Konsequenz, wenn wir nicht auf sie hören. Wir deklarieren das dann als Schwäche, als Defekt.

Eigentlich

Das sind die Sätze, die dann mit EIGENTLICH beginnen :-)

Eigentlich war ich ja kaputt, aber ich habe xxx dann doch noch erledigt.

Eigentlich war ich total müde, habe aber xxx noch angerufen.

Eigentlich hatte ich keine Zeit, aber xxx hat mir so leid getan, dann bin ich noch für xxx dorthin gefahren.

Eigentlich wollte ich ins Bett und hätte am liebsten den ganzen Tag geschlafen, aber ich habe ja nicht absagen können (oder wollen)...

Unzählige Beispiele könnte ich benennen, und ich bin mir sicher, dass Sie auch schon Eigentlich-Sätze in Ihrem Leben hatten.

Kennen Sie die Eigentlich-Sätze?

Gut, nun gehen wir über diese Grenze, die sich so anfühlt, als hätten wir sie von anderen gesetzt bekommen, hinweg. Zu diesem Zeitpunkt konnten wir noch nicht erkennen, dass wir uns diese Grenze selber gesetzt haben.

Es hat erst einmal keine Konsequenz, der Körper hat auch das noch geschafft, ihm geht es doch gut. Daran denken wir dann nie wieder, und dann kommt das nächste EIGENTLICH. Bis sich diese dann aufsummieren.

Unser Körper ist echt geduldig mit uns, das können wir auch viele Male so machen, aber irgendwann reicht es ihm, irgendwann geht es einfach nicht mehr.

"Geh Du vor", sagte die Seele zum Körper, "auf mich hört er nicht. Vielleicht hört er auf Dich." "Ich werde krank werden, dann wird er Zeit für Dich haben", sagte der Körper zur Seele. (Ulrich Schaffer)

Die Aussage, dieses Zitates von Ulrich Schaffer ist auch nur eine Theorie, eine Annahme, aber sie erscheint mir logisch.

Unser Körper hat eine bestimmte Menge an Energie zur Verfügung. Wir können ihm bestimmte Nahrung geben, die mehr Energie umsetzt, wenn wir beispielsweise einen Marathon laufen wollen. Aber auch das geht wahrscheinlich nur begrenzt. Die Motivation für einen Marathon wird wahrscheinlich auch eine ganz andere sein als diejenige Motivation, die wir hinter dem EIGENTLICH verstecken.

Eigentlich bedeutet immer, dass wir gegen unsere Natur arbeiten – und das wissen wir auch – *eigentlich*. :-)

Hinter dem „eigentlich" steckt irgendwo ein Müssen. Wir haben eine Meinung dazu, eine Angst, dass wir glauben, etwas zu sollen. Wenn wir meinen, wir sollten etwas machen, liegt das meistens daran, dass wir vermuten oder glauben zu wissen, dass andere das von uns so erwarten. Und diese Bewertung, im Gegensatz zu der Bewertung, wenn wir einen Marathon laufen wollen, macht den Unterschied aus.

Überhaupt sind es ganz oft unsere Bewertungen, mit denen wir uns das Leben selbst schwer machen. Bewertungen und die Glaubenssätze liegen ganz dicht beieinander.

Teil 3: Erste, hilfreiche Lösungen

Glaubenssätze lösen

Hier werden wir uns mal mit dem Thema Glaubenssätzen beschäftigen.

Ich möchte vorweg schicken, dass ich kein Fan der ewigen Glaubenssatzarbeit bin.

Wichtige Glaubenssätze, die einem quasi vor die Füße fallen, kann man bearbeiten, klar. Aber wer sich auf die Suche begibt, um alle Glaubenssätze zu finden, damit man endlich DAS Leben führen und leben kann, von dem man träumt – der wird nie an ein Ende kommen. Glaubenssätze zu suchen ist auch eine prima „Ablenkung". Das kann man so schön im Außen machen, da ist man trotzdem noch wenig bei sich. Erschwert wird diese Arbeit noch davon, dass die Glaubenssätze ja meist in tiefen Schichten unserer Seele verborgen sind, da es ihre Art ist, unbewusst zu sein. Andernfalls wäre es ja ein Leichtes, alle auszumerzen. Wie soll ich also etwas aufspüren und bearbeiten können, dem ich mir gar nicht wirklich bewusst bin?

Das zu verstehen, ist wichtig - finde ich! :-)

Aber einen Teil der Glaubenssätze, das, was offensichtlich ist, da wo uns manchmal auch andere helfen können, einen Glaubenssatz zu erkennen, das können wir bearbeiten und bestenfalls lösen. Denn einige sind uns ja bewusst, wenngleich wir da das Gefühl haben, dass wir daran nichts ändern können.

Eine Kollegin von mir sagte, dass Sie sich nicht hinsetzen kann und was lesen, solange noch irgendeine Arbeit irgendwo zu erledigen wäre. Auf meine Nachfrage, warum das so wäre meinte sie, weil sie glauben würde, dann faul zu sein.

Was sind nun diese offensichtlichen Glaubenssätze? Das sind sehr oft Verallgemeinerungen, die wie in „Stein gemeißelt scheinen".

„Ohne Fleiß keinen Preis" wäre so ein gutes Beispiel.

„Wer hoch hinaus will, kann tief fallen"

„Wer schön sein will, muss leiden"

„Besser den Spatz in der Hand als die Taube auf dem Dach"

„Geld verdirbt den Charakter"

Das, was ich Ihnen hier vorstelle, ist eine Mischung aus vielen Methoden. Aber eigentlich ist es auch immer sehr ähnlich.

Um überhaupt mal einen Schritt vorwärts zu kommen, dürfen wir uns etwas ins Bewusstsein rufen, etwas klar machen.

Wenn Sie ein Problem haben – oder zumindest etwas als Problem deklariert haben, dann ist Ihnen das ja bewusst. Und dass Sie das ändern wollen, aus verschiedensten Gründen. Also ist Ihnen irgendwann mal etwas aufgefallen. Etwas, das Sie traurig macht, etwas, das Sie leiden lässt, etwas dass Sie an triggert oder wo Sie festhängen im Leben. Irgendetwas ist geschehen, dass Sie das Bedürfnis hatten, daran etwas zu ändern. Denn wenn alles gut und prima läuft, sehen wir normalerweise ja keinen Anlass, etwas an unserem Leben zu verändern.

Und wenn Sie vorhin bei der Liste mitgeschrieben haben, was sie stört (Seite 55/56), dann können sie diese Sätze jetzt hernehmen, um damit zu arbeiten, wenn Sie mögen.

Fragen

Ich habe für mein Leben begriffen, das Fragen ungemein hilfreich sein können. Aber es kommt auf die Art der Frage an.

„Warum"-Fragen bringen einem meistens nicht weiter, die sind allenfalls geeignet, um uns zu foltern und im Schmerz zu halten. Wenn wir fragen: „Warum ist mir das passiert?" „Warum liebt er mich nicht?" „Warum hat sie/er mich verlassen?"

Wenn ich allerdings frage: „Warum denke ich das eigentlich?", wenn ich meine Glaubenssätze hinterfrage, dann ist eine Warum-Frage eine sehr hilfreiche Frage.

Fragen helfen uns, wenn wir es zulassen, aus unseren festgefahrenen Ansichten und Schlussfolgerungen herauszukommen. Wenn wir etwas als Problem bezeichnen, dann haben wir ja schon eine bestimmte Implikation, wie ich einige Seiten zuvor beschrieb.

Ob nun ein Problem mit dem Partner ist, mit den Finanzen, mit dem Job, den Kindern, dem Nachbarn – egal, was Sie nehmen. Ein „Problem damit zu haben" bedeutet, dass es eine schwierige bis unlösbare Situation zurzeit gibt. Es bedeutet weiterhin, dass Sie oft daran denken. Sie möchten es ja anders haben, bestenfalls das Problem lösen. Sie wollen es „weg haben". Oftmals denken wir immer und immer wieder darüber nach, um vielleicht doch noch DIE Lösung zu finden. Dieses ewige darüber Nachdenken bringt aber nur eines: Wir sind gar nicht mehr offen für andere Möglichkeiten oder Lösungen.

Ein Gedankenkarussell hat ja oft die Eigenschaft, dass wir immer dieselben Gedanken denken, täglich hundertmal, und den nächsten Tag wieder. Wenn wir nachts nicht richtig schlafen können und mal wach werden, sind diese Gedanken an das Problem sofort wieder da, wir bekommen gar keine Ruhe davon. Manchmal können wir auch gar nicht erst einschlafen, weil wir diese Gedanken haben, die unseren Geist derart beschäftigen, dass er gar nicht zur Ruhe kommen kann. Wenn wir mal keine konzentrierte Aufmerksamkeit benötigen, wie beispielsweise im Job, dann scheinen die freien Kapazitäten irgendwie mit aller Macht und Aufmerksamkeit nur an diesem Problem zu kleben.

Nehmen Sie mal einen Ihrer Sätze, die Sie aufgeschrieben haben. Beobachten Sie mal, wie Sie sich dabei fühlen, wenn sie wieder in die Energie eintauchen?

Und wenn sie jetzt eine „Warum" Frage stellen….

Warum hört der nicht damit auf? Warum musste xxx krank werden, sterben, sich verletzen? Warum habe ich die Wohnung nicht bekommen? Warum hat xxx mich verlassen? Warum ist xxx gemein zu mir?

Verändert sich die Energie bei diesen Fragen irgendwie? Ich vermute, es fühlt sich noch genauso doof an wie vorher. Eine derartige „Warum" Frage ist keine Frage die erweitert oder andere Antworten zulässt als die, die ich schon beschlossen habe, dass sie richtig sind.

Nehmen wir mal ein Beispiel:

Sie möchten sich selbstständig machen. Sicher haben Sie ziemlich gute und genaue Vorstellungen, wie sich Ihr Geschäft entwickeln soll, welchen Umsatz Sie machen müssen, damit das Geschäft tragbar ist. Sie haben Ihre Vorstellung davon, wo Sie das Geschäft haben möchten und auch gute Vorstellung, wer Ihre Zielgruppe ist. Das wird uns ja so beigebracht, und um einen Kredit dafür bei der Bank zu beantragen, müssen Sie so einen Plan sogar mit dem Darlehnsantrag vorlegen.

Viele, viele einzelne Schritte haben sie festgelegt und nun neigen wir Menschen dazu, diesen Plan auch beizubehalten oder abzuarbeiten. Das ist grundsätzlich nicht verkehrt oder falsch! Aber wir stellen auch nie wieder irgendwelche Fragen, wenn der Kredit erst einmal durch ist oder wenn das Geschäft gestartet ist. Außer der „Warum" Frage natürlich.

Warum kommen keine Kunden zu mir?

Warum läuft mein Geschäft nicht?

...

Wenn wir uns mal dafür öffnen, andere Fragen zu stellen, lockert das unsere festen Annahmen und Schlussfolgerungen auf und wir können mehr sehen – wenn wir dazu bereit sind und das zulassen.

Was ist noch möglich außer dem, was ich beschlossen habe, was möglich ist?

Wen könnte ich fragen, wer könnte mir neue Ideen liefern?

Welchen nächsten, kleinen Schritt könnte ich jetzt grade in dieser Situation machen?

Welche Frage könnte ich stellen, um hier einen anderen Blickwinkel zu bekommen?

Fehlen hier noch Informationen?

Das sind ein paar mögliche Fragen, die den Horizont erweitern, die über das hinaus gehen, was Sie sowieso schon beschlossen habe. Hier geht es aber auch nicht darum, nach Antworten zu suchen! Es geht auch nicht darum, in dem Moment, wenn ich die Frage stelle, überhaupt eine Antwort zu bekommen. Und es geht schon gar nicht darum, eine Antwort aus dem Verstand zu bekommen - das ist nach Antworten suchen.

Das, was ich meine, ist eine Form der Energie.

Der Verstand kann nur Antworten liefern, die schon da sind. Aus dem, was „da ist", haben wir aber schon unsere ganzen Ansichten, Schlussfolgerungen und unsere Glaubenssätze gebildet, wie wir schon gesehen habe. Also alles, was das ausmacht, worüber ich mich definiere. Wie soll da also etwas Neues entstehen?

Erst, wenn ich mich von dem löse, können neue Impulse kommen – und Fragen sind da mächtig hilfreich. Ihr Unterbewusstes ist Ihnen dienlich und möchte gern helfen. Kennen Sie das? Sie haben sich mal eine Frage gestellt und irgendwann, Tage später, kommt Ihnen plötzlich die Antwort. Sie haben in dem Moment ja nicht absichtlich mit dem Verstand gesucht. Aber Ihr Inneres ist so lange auf der Suche, bis eine Antwort kommt. Wenn wir aber mit dem Verstand, also aus dem Pool des bereits Bekannten, nach einer Antwort auf die Fragen suchen (und oft ja solche Fragen nach dem „Warum", oder nach dem, was falsch gelaufen ist, stellen), dann tötet das jeglichen neuen Impuls. Woher sollen dann noch andere Möglichkeiten kommen und sich zeigen, wenn wir doch schon beschlossen haben, dass das, was unser Verstand so vorschnell beantwortet hat, die richtige und oftmals einzig mögliche Antwort sein kann?

Probieren Sie es doch mal aus und stellen Sie diese Theorie auf die Probe.

Auch an dieser Stelle möchte ich Sie einfach ermutigen, dranzubleiben. Ich habe eine Klientin, die schon seit einigen Jahren immer mal wieder kommt. Wenn sie ein Problem hat, mit dem sie nicht allein fertig wird oder wenn sie das Gefühl hat, im Leben festzustecken, dann kontaktiert sie mich. Und bei Ihrem letzten Besuch meinte sie zu mir, dass ein Psychologe ihr in einem Gespräch etwas erklären wollte und ihr dabei klar geworden ist, dass genau das, was er ihr erklären wollte, ich ihr schon seit Jahren sage. Alles hat sein Zeitfenster, die Klientin war einfach vorher nicht bereit dafür. Manchmal müssen wir Dinge 100 Mal hören, bis es beim 101. Mal endlich tiefer rutscht und es somit auch zu unserer Wahrheit wird.

So, nun zu dem oben Versprochenen – Glaubenssatz lösen.

Ich stelle Ihnen hier mehrere Methoden vor. Suchen Sie sich einfach die Methode aus, die Ihnen am meisten zusagt. Man muss nicht alle Methoden anwenden, manchmal liegt einem eher eine gewisse Vorgehensweise oder man kommt mit der einen Art besser klar als mit der anderen. Probieren Sie gern alle Möglichkeiten aus und dann können Sie gut erkennen, was Ihnen mehr liegt und womit Sie lieber arbeiten.

Meinen kleinen Ausflug zum Thema Fragen finde ich deshalb sehr nützlich und wertvoll, weil alle Methoden mehr oder weniger auf der Bereitschaft von Ihnen basieren, Fragen zu stellen, Fragen zuzulassen und die Fragen nicht mit dem Verstand beantworten zu wollen.

Auch ist es oft so, wenn man sich mit den jeweiligen Methoden beschäftigt, dass man erkennen kann, dass die Menschen, die diese Methode für sich „kreiert" oder entdeckt haben, selbst irgendwo in ihrem Leben an einem Punkt waren, wo Veränderungen dringend erforderlich wurden. Nur wenn der Mensch unter Druck ist, wenn er eine innere Not verspürt, macht er sich ja überhaupt erst auf den Weg, eine Veränderung herbeizuführen. Warum sollte man sich auch sonst bewegen, wenn man mit seinem Leben soweit zufrieden ist?

Zufriedenheit ist niemals der Antriebsmotor für Veränderungen.

Die „Sedona Methode" – Fragetechnik nach Lester Levenson

„Erfinder" war der Amerikaner Lester Levenson, der mit 42 Jahren eine katastrophale Diagnose der Unheilbarkeit bekommen hat.

Er akzeptierte die Diagnose nicht und beschäftige sich, ganz Wissenschaftler, der er war, mit seiner Erkrankung und seinem Leben und kam darauf, dass es vermutlich der Umgang mit seinen Gefühlen war, der ihn krank gemacht hat. Da er ja nichts zu verlieren hatte, prüfte er für einige Wochen diese These auf sehr intensive Art und Weise und stellt eine immer bessere allgemeine Verfassung fest und zog daraus den Schluss, dass er heilte, also gesundete! Er lebte nach dieser Erfahrung noch weitere 43 Jahre und starb im Alter von 85 Jahren!

Die „Sedona Methode" wird von ausgebildeten Personen (= Coachs) angewandt und angeboten. Das bin ich nicht, deshalb benenne ich sie als die Fragemethode von Lester Levenson!

Diese Methode kann jeder für sich anwenden, jedoch möchte ich auf die blinden Flecken aufmerksam machen. Für andere gut sichtbar, erkennt man die blinden Flecken bei sich selbst ja am wenigsten. Deshalb kann es sein, dass man, wenn man nur für sich allein in der dunkeln Kammer versucht, vor sich hinzuarbeiten, nur begrenzt vorankommt. Scheuen Sie sich nicht, sich eine gute Freundin oder einen guten Freund, vielleicht auch einen mit der Methode erfahrenen Therapeuten zu suchen, der Ihnen dabei hilfreich an der Seite steht.

Wie sind Sie bisher in Ihrem Leben mit Gefühlen umgegangen?

Die „unangenehmen" Gefühle wollen wir in der Regel nicht, versuchen, sie zu ignorieren. Oder wir verdrängen sie, wir machen alles Mögliche, nur um nicht mit diesen dunklen und negativen Gefühlen konfrontiert zu werden!

Aber das hat Folgen.

Angefangen mit Anspannung, Stress oder Überforderung, was sich dann im Körperlichen niederschlägt, wenn man nicht auf die anfänglichen Symptome achtet, weil sie ja noch so klein und scheinbar unbedeutend sind. Aber auch kleine und unbedeutende Symptome möchten wahrgenommen und gesehen werden!

Letztendlich geht es darum, sich sein eng gezimmertes Konstrukt aus Glaubenssätzen anzuschauen.

Es gibt Tatsachen im Leben, die in diesem Moment genauso sind, wie sie sind. Wir tun uns jedoch schwer damit, es so anzunehmen, unser Kopf rebelliert dagegen, unser impulsives Denken weigert sich. Und diesen Widerstand können wir loslassen!

Wir können unsere Einstellung, unseren Gesichtspunkt, unsere Schlussfolgerung dazu loslassen. Und wenn wir unsere widerständige, ängstliche, enge, blockierende oder manchmal auch bockige Haltung loslassen, können wir zur Ruhe kommen und eine Entspannung im Leben erreichen, wo wir für alles gewappnet sind. Offen zu sein ist unser natürlicher Zustand.

Wenn wir unseren Widerstand aufgeben, kommen plötzlich Impulse und Möglichkeiten zu uns. Diese Impulse und Möglichkeiten steigen aus unserer eigenen Tiefe zu uns empor, die wir zuvor gar nicht wahrnehmen konnten, weil wir so sehr mit der Angst und dem Widerstand beschäftigt waren! Wir lassen die Limitierungen los, die wir uns in unserem Kopf selbst erschaffen haben. Wir halten ja nicht ohne Grund an diesen Limitierungen und Widerständen fest. Wir glauben, dass diese Widerstände gut für uns sind, dass wir ohne sie unglücklich wären oder es uns ohne sie schlecht oder zumindest schlechter gehen würde.

Wir würden niemals an etwas festhalten, an einem Gefühl oder einer Situation, wenn wir nicht glauben würden, dass wir das müssen, um ein zukünftiges Unheil abzuwenden!

Mit diesen Fragen sind wir in der Lage, diese Idee oder diese Vorstellung loszulassen!

Wir lassen nicht die Situation an sich los oder die Person – davor haben einige auch Angst. Die Situationen oder Personen sind ja da, sie sind aber einfach nur. Unsere mentale Bewertung, unsere feste Ansicht, unsere Gedanken darüber, wie es sein sollte oder dass es jetzt anders sein sollte – das alles lassen wir damit los.

Wir sind dann nicht mehr gefangen in diesem inneren Kampf mit der Wirklichkeit. Wenn ich mich wirklich auf diese Fragen einlasse, kann die Angst und die Panik schwinden und ich kann einen echten Zustand vom Frieden erreichen. Aber das erreiche ich nur, wenn ich mir diese Fragen wirklich ernsthaft stelle, so einfach sie auch erscheinen mögen – UND wenn ich wirklich zutiefst ehrlich zu mir bin.

Als ich vor vielen Jahren in einem Buch von der „Sedona Methode" gelesen haben, wurde dort auch beschrieben, wie man sie angewendet. Brav habe ich alles mitgemacht, die mir bekannten Glaubenssätze herausgepickt und diese Methode daraufhin angewandt. Was die Autorin damals versäumt hat, war niederzuschreiben, dass es durchaus mehrere Vorgänge brauchen kann, dass Wiederholungen manchmal unerlässlich sind. Ich spürte zwar irgendwie, dass es eine gute Methode ist, stellte aber keine zufriedenstellende Wirkung fest. Erst viele Jahre später stolperte ich quasi erneut über diese Fragen, wandte sie viel intensiver an, wiederholte sie häufiger und stellte plötzlich Veränderungen fest.

Ich kann Ihnen jetzt keine pauschale Zahl sagen. Ich kann Ihnen nicht sagen, nach fünf Wiederholungen ist es gut. Spielen Sie, seien Sie offen und nehmen Sie den Druck aus der Sache. Es gilt hier nicht, ein Ziel zu erreichen. Manche Dinge haben ein oder zwei Wiederholungen gebraucht, hartnäckige Sachen aber auch sechs oder acht Wiederholungen, bis ich eine Erleichterung verspürte. Machen Sie sich dafür bitte nicht fertig. Wir Menschen sind von Grund auf eher ungeduldig und möchten möglichst schnell alles erledigt haben, alles Unangenehme abgearbeitet haben. Wir möchten uns damit nicht so lange aufhalten. Aus meiner Erfahrung kann ich Ihnen sagen: Es lohnt sich, bleiben Sie dran! Seien Sie freundlich und barmherzig zu sich, wenn ein einmaliger Durchgang nicht gereicht hat. Ich hätte mich in dem genannten Buch damals gefreut, wenn mich jemand darauf aufmerksam gemacht hatte. Ich hätte Mut und Motivation geschöpft, weiter zu machen, sowie eine Hoffnung gehabt, dass sich doch einiges auflöst. So habe ich viel zu schnell und viel zu früh aufgegeben und musste Jahre später an fast genau derselben Stelle wieder einsteigen. Mein größter

Widerstand war übrigens der Widerstand gegen den Widerstand.

Bei diesen Fragen geht es um Antworten, die wir kommen lassen, die aufsteigen dürfen aus unserem innersten, tiefsten Wesen.

Das Schöne ist: Es gibt keine richtigen oder falschen Antworten! Das ist wichtig zu verstehen!

Es gibt nur ehrliche Antworten und oberflächliche oder unehrliche Antworten. An keiner Antwort ist etwas falsch, auch oberflächliche Antworten sind vollkommen in Ordnung. Dann gilt es anzuerkennen, dass es noch eine Instanz in Ihnen gibt, die sich doch noch nicht so intensiv mit der Sache auseinandersetzen möchte! Auch das dürfen Sie achten und respektieren. Wenn Sie das einfach annehmen können, bauen Sie sich keinen Druck auf und sind zu einem anderen Zeitpunkt viel eher bereit und dazu in der Lage, sich den Fragen zu stellen.

Die vier einfachen Fragen

Nehmen Sie sich jetzt einen Glaubenssatz von Ihrer Liste vor. Sie können auch mit etwas ganz anderem starten.

Ich schreibe diese Zeilen gerade, als das Corona Virus grassiert. Eine Angstwelle trägt alle

Befürchtungen und Ängste vor sich her, viele Schutzmaßnahmen müssen ergriffen werden, Kurzarbeit ist in sehr vielen Betrieben angeordnet, wer kann, muss plötzlich daheim im Homeoffice arbeiten, Lebensmittel und Klopapier werden knapp, weil sehr viele Menschen aus Angst „Hamsterkäufe" getätigt haben. Diese Angst könnten Sie nehmen. Eine Angst vor einer erneuten Pandemie und was das für wirtschaftliche Folgen für den Einzelnen haben kann und auch, was da für gesundheitlichen Risiken auf einen zukommen können.

Entscheiden Sie sich für einen Glaubenssatz. Steigen Sie einmal kurz in dieses Gefühl ein, was das alles auslöst, was da hochkommt.

1) Sind Sie bereit, dieses Gefühl für diesen Moment zu akzeptieren?

Wir haben uns angewöhnt, Ängste zu verdrängen, nicht anschauen zu wollen. Bei dieser Frage geht es nur darum, ob Sie bereit sind, alles, was SOWIESO SCHON DA ist, einfach mal da sein zu lassen!? Wir holen ja nichts Neues dazu, wir akzeptieren einfach nur das, was wir jetzt grade spüren und fühlen. Ein „Wahrnehmen, was ist" ist damit gemeint. Das, was da ist, für diesen Augenblick zu akzeptieren.

Was nehmen Sie wahr?

Wo nehmen Sie etwas wahr?

Eine Übelkeit wegen der Gedanken? Druck im Hals oder ein harter Bauch? Eine Anspannung im Nacken? Haben Sie einen bestimmten Geschmack auf der Zunge? Verbinden Sie mit diesen Gedanken und Empfindungen einen bestimmten Geruch? Was nehmen Sie wahr? Was hören Sie innerlich?

Bewerten Sie nichts, nehmen Sie einfach nur wahr. Auch alle Gedanken, die um diese Angst kreisen, da sein lassen und wahrnehmen.

Nichts suchen, nichts finden.

2) Könnten Sie dieses Gefühl jetzt loslassen? Nur für diesen Moment?

Sie können Ihren Zeigefinger bewegen, oder? Können Sie Ihren Arm heben?

Prima, ich frage nur, ob Sie es KÖNNTEN!

Könnten Sie dieses Gefühl auch loslassen?

Genauso, wie Sie Ihren Zeigefinger bewegen können, können Sie auch Ihre Gefühle zulassen, wenn Sie diese Bereitschaft dazu haben.

Es geht nur um die Fähigkeit, es tun zu können. Fühlen Sie sich dazu in der Lage?

Ich sage auch nicht, dass Sie dieses Gefühl jetzt loslassen sollen!

Könnten Sie das Gefühl loslassen?? Klammert sich dieses Gefühl an Ihnen fest? Oder halten Sie es fest?

Es gibt hier nur die Antwort JA oder NEIN. Beides ist ok, es muss nur ehrlich sein! Das ist KEINE rhetorische Frage, es ist mir wichtig, das zu betonen!

3) Würden Sie dieses Gefühl loslassen?

Würden Sie sich dazu entscheiden, wenn Sie es könnten?

Auch hier gibt es als Antwort nur JA oder NEIN. Das bewertet niemand und das sollten Sie auch nicht tun! Es geht darum, hier etwas zu erkennen.

Wenn ein Nein kommt, dann könnten Sie sich fragen: Will ich also lieber dieses Gefühl der Panik und Angst weiter haben, als es loszulassen? Weil ich es ja loslassen könnte. Es geht nicht darum, hier zu einem Ja zu kommen, wenn mein erster Impuls war, dass ich es nicht loslassen würde. Hier geht es darum, sich der gewählten Alternative bewusst zu sein!

Jein – heißt übrigens nein.

Ich weiß nicht – heißt auch nein.

Vielleicht - heißt ebenfalls nein.

4) *Wann? Wann würden Sie diesen Widerstand aufgeben?*

Jetzt?

Morgen?

Wenn die Situation vorbei ist?

Wenn Sie Klarheit haben?

Zur Jahreswende?

Nie?

Nehmen Sie einen tiefen Atemzug, nicht hektisch, ganz ruhig.

Wie geht es Ihnen? Erforschen Sie Ihr Innenleben. Hat sich etwas verändert? Registrieren Sie auch winzige Veränderungen! Ist es ruhiger geworden in Ihnen? Vielleicht hat sich die Qualität Ihrer Emotion verändert?

. . . .

Diese vier Fragen können Sie auf alles Mögliche anwenden. Auf „ungute" oder unerwünschte Gefühle, auf Situationen, auf Ängste. Spielen Sie damit, schauen Sie, was geht oder was nicht geht. Und seien Sie bitte freundlich zu sich! 😊

Und noch einmal, weil ich es so wichtig finde!

Mein Sohn sagt zwar immer, dass Wiederholungen in Büchern absolut überflüssig sind, weil man ja schließlich zurück blättern kann, wenn man etwas nachlesen möchte. Ja, da hat mein Sohn recht, und dennoch: Ich lese ein Buch flüssig, in einem Mal durch und manchmal entfallen mir Querverweise, oder ich habe Dinge noch nicht verknüpft - es „sitzt" noch nicht.

Deshalb bemühe ich mich zwar, sparsam mit Wiederholungen zu sein, manchmal halte ich sie aber einfach für angebracht. Außerdem prägen sich einige Dinge ja auch viel besser ein, wenn man sie immer wieder liest. Das gilt übrigens für alle Dinge. Selbst, wenn etwas nicht wahr oder nicht richtig ist.

Wenn ich also an etwas glaube, was nicht stimmt, wenn ich dem Glauben schenke, prägt es sich ins Unterbewusstsein genauso prima ein wie alle anderen Dinge, die stetig wiederholt werden! 😊

Was ich also wichtig finde, so wichtig, dass ich es hier wiederholen möchte:

Stellen Sie sich die Fragen *ernsthaft*!

Es bringt Sie nicht wirklich weiter, wenn Sie aus dem Verstand antworten. Gerade wenn Sie diese Fragen schon mehrmals angewandt haben, wissen Sie ja, worauf es ankommt. Würde ich loslassen? Klar!

Wenn ein Nein kommt, dann würde sich ja die Frage anschließen, ob ich dann also wähle, weiter in dieser Energie zu bleiben, die ich so problematisch finde.

Das ist eine unangenehme Frage, und eigentlich (!!) möchte das ja auch niemand. Und die Erkenntnis, dass ich dann bewusst wähle, weiter meinen Ärger, mein Groll, mein Gefühl festzuhalten, spürt sich unkomfortabel an.

Wenn also ein Nein kommt, ist das nicht schlimm! Sie könnten diese Frage zu diesem Thema ein paar Tage später noch einmal durchgehen.

Das sind wirklich mächtige Fragen, ernsthaft gestellt und beantwortet, können sie innere Befreiung bringen. Oftmals verändert sich sofort etwas, kleine Nuancen. Ein Gefühl hat sich ein wenig verändert. Ein Druck ist weniger geworden. Und Sie werden, wenn Sie damit weiterarbeiten, irgendwann erstaunt feststellen, was oder wie viel sich schon getan hat, ohne dass Ihnen das direkt so bewusst aufgefallen ist.

DA wollen wir hin! Halleluja! 😊

Was mir am meisten zugesetzt hat, waren – und sind es teilweise noch – meine inneren Widerstände. Mein

Verstand schaltet sich sehr oft ein. Durch sein Denken, durch sein Beurteilen habe ich mir überhaupt erst viele Probleme selbst gebastelt in meinem Leben. Dann kümmere ich mich um ein sogenanntes Problem und schon steht der Verstand wieder an vorderster Front, um genau dieses von ihm konzipierte Problem zu lösen.

Merken Sie was?

Irgendwie kann diese Rechnung nicht aufgehen, trotzdem versuchen wir es immer und immer wieder und wundern uns, warum wir auf der Stelle treten.

Ich habe ja schon deutlich gemacht, warum Verurteilungen und Urteile, Schlussfolgerungen und Ansichten nicht wirklich beitragend sind für unser Leben.

Da hängt aber noch sehr viel mehr dran.

Indem ich etwas bewerte, halte ich es fest. Stellen Sie sich einmal vor, Sie laufen gern barfuß durch ihre Wohnung. Von Ihnen unbemerkt hat ihre Katze eine Vase vom Regal gestoßen und sie entdecken den Schaden, als Sie schon fast in den Scherben stehen. Es gibt ja zu jeder Situation mehrere Möglichkeiten einer Reaktion. Ich würde jetzt denken: „Oh, ok, muss ich wohl lieber das Kehrblech holen und Scherben beseitigen, vielleicht auch Hausschuhe anziehen."

Wenn Sie aber wie meine hektische Kollegin sind, der häufiger Missgeschicke passieren, die würde etwas anders reagieren: „Ach du Schei***! Diese ungeschickte Katze, ewig ist sie so tolpatschig und wirft mir Sachen runter. Ich muss die demnächst wohl einsperren. Was mache ich jetzt nur, bestimmt habe ich schon kleine Glasscherben im Fuß und blute, ich versaue mir auch den ganzen Teppich, wenn ich jetzt zurück gehe um ein Kehrblech zu holen, das hat letzte Woche auch so doll geblutet, als ich die Scherben des Tellers aufgehoben habe….“

So wird dieses Selbstgespräch noch eine ganze Weile fortgesetzt. Aber dann ist noch nicht genug. Vielleicht wird von der winzigen Wunde ein Foto gemacht und der Tochter geschickt, wobei die ganze Sache nochmal genau und detailliert erzählt wird. Durch die Bewertung, dass ich diesen Vorgang als „schlimm“ bewerte, halte ich ihn viel länger am Leben und bade quasi in dieser negativen Energie, weil ich sie ja immer wieder hochhole.

Nehmen wir mal an, Sie haben eine Auseinandersetzung mit Ihrem Partner oder Freund. Diesen Streit, diese Auseinandersetzung bewerten Sie als „schlecht“. Es geht sicher auch darum, Recht zu haben. Einen anderen Grund für einen Streit gibt es kaum. 😊

Recht haben – wollen

Was ist eigentlich das Ding mit dem „Recht haben wollen"?

Warum ist uns das so wichtig?

Ich habe früher auch mit allen Mitteln diskutiert, lange, unendlich, immer wieder.

Dieses Gefühl, nachzugeben, kam dem Gefühl des Versagens gleich. Ja, doch, es fühlte sich in der Tat so an, als würde mir „ein Zacken aus der Krone brechen", als wäre ich nicht mehr vollständig. Denken Sie mal an Familienkriege oder Scheidungen.

Da hat man sich mal geliebt oder geglaubt, sich zu lieben – und jetzt wird sich bis aufs Blut bekämpft. Mit allen Mitteln will man seine gefühlte Verletzung dem Anderen heimzahlen.

Kann es sein, dass dieses Bestreben etwas damit zu tun hat, wahrgenommen zu werden? Gesehen zu werden?

Es geht um Anerkennung, um das Bedürfnis nach Bestätigung.

Wenn ich schon das Gefühl habe, als Person nicht bestätigt und wahrgenommen zu werden, dann kämpfe ich darum, dass wenigstens meine Position anerkannt wird.

Wenn ich Recht habe – bin ich richtig. Das ist das Gefühl dahinter. Deshalb kann ich es auf keinen Fall zulassen, nicht Recht zu haben oder im Unrecht zu sein

- dann fühlt es sich so an, als wäre ich als Person nicht richtig.

Recht zu haben, empfinden wir als Genugtuung, es stärkt irgendwie unser Selbstwertgefühl. Wir sind Meister unserer Überzeugungen und haben sie verinnerlicht. Wir empfinden unsere Überzeugungen als Eigentum, als etwas, das wir verteidigen müssen. Es hat immer mit unserem EGO zu tun. Um unser Ego und die daran anhaftenden Überzeugungen und Meinungen zu verteidigen, opfern wir manchmal sogar Beziehungen und Freundschaften – nur um Recht zu haben.

Unbewusst sucht der Mensch also auch immer nach Menschen, die seine Meinungen und Ansichten teilen. Weil man manchmal bewusst, manchmal unbewusst der Meinung ist, dass man mit seinen Ansichten und Überzeugungen „Weiter" ist als andere, oder intelligenter.

In Gesprächen und Diskussionen geht es auch gar nicht darum, zu hören, was der andere noch für Ansätze hat oder welche Sichtweise es noch gibt. Der wahre Geist beim „Recht haben wollen" ist unser eigener Geist.

Ein Mensch, der immer Recht haben will, wirkt auf andere unangenehm. Diese Neigung führt oft zur Isolation und hat auch einen krankmachenden Effekt.

Es geht hier nicht darum, dass man keine eigene Meinung haben sollte oder Sie nicht vertreten darf. Es geht hier um die Offenheit zur Überprüfung, wie unangenehm das Gefühl wird, wenn das „ich habe aber doch Recht" bedroht wird!

Und Recht haben wird dann wichtig, wenn ich mich sehr mit meinen Gedanken und Überzeugungen identifiziere, wenn ich meine, das BIN ich – deshalb fühle ich mich ja auch angegriffen und bedroht. Ok, ich möchte also Recht haben und ich untermauere das mit vielen Argumenten. Der andere muss doch einsehen und nachvollziehen, wie ich zu meiner Meinung komme – damit er versteht und mir zustimmt.

Der Partner hat also die Socken liegen lassen, wiederholt! Oder den Klodeckel oben gelassen, auch wiederholt. Oder die Zahnpastatube gequetscht. Was haben wir nicht schon alles versucht!

Wir haben diskutiert, also brauchbare Argumente geliefert, damit der andere doch einsieht, warum es nicht schön ist, Socken liegen zu lassen oder den Klodeckel oben zu lassen.

Wir haben vielleicht schon andere Meinungen eingeholt, also mit unserer Freundin darüber geredet und in der Clique darüber diskutiert. Wir haben uns beschwert, wir waren schon sauer, vielleicht haben wir schon geweint, weil der andere trotz unserer Bemühungen einfach nicht einsichtig sein will. Wir reden uns ein, dass der andere unsensibel ist oder uns gar das Leben absichtlich schwer macht. Sehr wahrscheinlich haben wir darüber auch schon gestritten und konnten uns dann schlecht versöhnen. Schließlich kann ich mich doch nicht in den Arm nehmen lassen und so tun, als wäre alles in bester Ordnung!!

Und wo nahm das alles seinen Ursprung? In unserer Bewertung einer Sache.

Bewertungen

Wenn wir beim ersten Mal gleich eine Korrektur vornehmen würden, dann würde ein Problem gar nicht so massiv und groß werden. Wir haben die Tatsache ‚Socke liegt auf dem Boden‘ als schlecht bewertet. Das haben wir dann mehrmals und immer wieder gemacht, mit verschiedensten Methoden, auf verschiedene Art und Weise. Wir beschäftigen uns also immer wieder mit dem Problem. Wahrscheinlich erwarten wir sogar schon („macht er ja immer so!"), dass die Socken wieder da liegen, fühlen uns in unserer Meinung und Bewertung bestätigt und vertiefen dieses Gefühl. Aber alles andere, was daraus resultiert, hat mit dem Anderen erst mal gar nichts mehr zu tun. Das, was dann passiert, spielt sich alles in unserem Kopf ab! Dass der Andere unsensibel wäre oder das nur macht, um uns zu ärgern – auch das sagt uns in der Regel nicht der Andere. Das sagen wir uns und wir glauben uns das auch und gehen dann davon aus, dass es so stimmt und ganz sicher der Beweggrund des Anderen war!!

Wir bewerten Reaktionen, Taten und Gedanken. Wir überprüfen aber niemals, ob das auch wirklich alles so stimmt. Wir sind diese Vorgehensweise so sehr gewöhnt, dass wir das sehr selten hinterfragen.

Meine Aussage war: Wenn ich bewerte, halte ich fest.

Ich spreche mich hier nicht generell gegen Bewertungen aus, bitte nicht falsch verstehen. Aber alle Bewertungen, wo eine „Ladung" darauf liegt, alle Ansichten, die uns nicht egal sind. Alle Urteile, die wir „bis aufs Messer verteidigen". Überhaupt, immer da, wo wir unsere Meinungen und Schlussfolgerungen glauben, verteidigen zu müssen – das sind die, wo wir hinschauen dürfen.

Spüren Sie jetzt einen Widerstand in sich? Ein Aufbegehren? Der Verstand will Ihnen – und mir – erklären, warum das aber grade bei Ihnen und grade bei DER Sache nämlich doch so wichtig ist!? Genau DA dürfen wir hinschauen!

Wenn irgendwo ein Widerstand ist, kann etwas nicht fließen. Dort halten wir an etwas fest, wollen etwas anders haben, als es ist. Wir wollen nicht aufgeben, hadern mit Geschehnissen und Erlebnissen, die wir doch so gern anders hätten. Ein Aufgeben des Widerstandes kommt einer inneren Kapitulation gleich. So, als würden wir dem Zustimmung geben, was wir doch so sehr ablehnen, worunter wir doch so sehr leiden.

Egal, was Sie nehmen, wo Ihr Widerstand sitzt.

Ist es ein Streit mit Ihrer Mutter, der schon vor vielen Jahren war?

Die Worte einer Freundin, die Sie zutiefst verletzt haben?

Die Kränkung darüber, die Zusage für die tolle Stelle nicht bekommen zu haben?

Die Absage über den Kredit, der Ihnen das wunderschöne Haus ermöglicht hätte?

Sind Sie im Widerstand damit, dass Sie „die Liebe Ihres Lebens" gehen lassen mussten?

Sie verkraften den Verlust und Tod eines Angehörigen, eines Kindes, eines geliebten Tieres nicht?

Sie können den Missbrauch oder die Misshandlungen einfach nicht überwinden?

Das sind alles schon massive Sachen, die ich eben aufgezählt habe. All diese Dinge sind sicher schrecklich gewesen, haben uns verletzt, gedemütigt, Hoffnungen geraubt, haben uns innerlich erstarrt zurückgelassen.

Aber was allen gemeinsam ist: Sie sind vergangen.

Es ist eine Erinnerung. Eine besondere, große, massive, fürchterliche, verletzende und furchtbare Erinnerung.

Und wir erinnern uns jeden Tag unseres Lebens daran. Oftmals sind solche Erinnerungen sehr präsent in unserem Leben – und erlauben uns nicht, freudvoll im Hier und Jetzt zu leben.

Es ist möglich, dass Sie nur schwer aushalten können, was ich hier schreibe! Auch das ist vollkommen in Ordnung! Auch ich hatte Bücher, die ich verletzt und wütend in die Ecke geworfen habe, wütend auf mich, dafür auch nur einen Cent bezahlt zu haben! Da lagen sie, die Bücher, manche sehr lange, manche Wochen, Monate oder Jahre. Das war ok für mich. Irgendwann war ich bereit, noch einmal hineinzuschauen. Ich war weiter, war einen Schritt gegangen und konnte nun ertragen, was ich da zu lesen bekam.

Letztendlich sind aber wir selbst es, die diese Erinnerung jeden Tag neu durchleben. Und wir selbst konfrontieren uns jeden Tag aufs Neue mit der alten Verletzung, reißen die Wunde wieder neu auf und verletzen uns damit selbst.

Damals, die erste ursprüngliche Verletzung, die hatte immer mit einem anderen Menschen zu tun. Das, was wir Jahre und oft Jahrzehnte lang machen, das tun wir uns selbst an. Wir können und wollen uns und anderen nicht verzeihen und durchleiden ein und dasselbe Leid immer und immer wieder. Ich will keineswegs die Verletzung und den Schmerz schmälern!! Und es mag erst einmal unverzeihlich scheinen, was an uns nagt und uns im Schmerz gefangen hält.

Mein ärgstes Gefühl dabei war: Wenn ich das aufgebe, spürt sich das an wie eine Kapitulation, als würde ich demjenigen, der mir das angetan hat, damit Recht geben. Als würde ich damit gutheißen, was passiert ist.

Eine ganz spezielle Rolle nimmt hier noch der Verlust eines geliebten Menschen ein.

Etwas in uns meint, wenn wir nur lange genug den Schmerz und die Trauer am Leben halten, dann beweisen wir damit unsere Zugehörigkeit, unsere Verbundenheit und unsere Liebe. Also halten wir an allen Erinnerungen fest. Aber indem wir an diesem Schmerz und Verlust so sehr festhalten, können wir uns kaum an die Liebe und an die schönen Dinge erinnern, die uns mit diesem Menschen verbinden. Wir haben nur eine Aufmerksamkeit, nur einen Moment.

Hier, jetzt, wenn Sie das Buch in den Händen halten, gibt es nur die Möglichkeit, sich an den Schmerz mit Ihrem Verlust zu erinnern – ODER an die schönen Dinge. Versuchen Sie es, ich schreibe ja, testen Sie, was ich so sage und von mir gebe.

Denken Sie an den geliebten Menschen, schauen Sie, was für Erinnerungen aufsteigen. Sie werden nicht an das Schöne und Traurige zugleich denken. Bewusst können wir immer nur einen Gedanken denken – und Sie entscheiden, welchen Gedanken Sie Raum geben.

Und hier kommt noch einmal die Sache mit dem Widerstand: Es ist schon fast empörend, den Gedanken überhaupt zuzulassen, dass ich da etwas loslassen sollte. Ich kenne das nur zu gut.

Scham und toxische Scham

Und hier spielt noch etwas anderes rein. Etwas, das mir so weder bewusst war, noch dessen Begrifflichkeit ich kannte: Die toxische Scham.

Ich bin noch lange nicht damit durch, das Thema ist auch noch recht neu für mich. Aber wenn ich in mich hinein spüre, wenn ich von dieser Scham höre oder lese, dann weiß ich, dass es stimmt.

Wir reden hier nicht von der ganz normalen Scham. Wenn ich Sie auffordern würde, sich jetzt sofort mal komplett zu entkleiden, würden Sie das unter Umständen vielleicht sogar noch machen. 😊 Und jetzt beobachten Sie sich mal, wenn ich Sie auffordere, jetzt so komplett entkleidet, einmal über die Straße zu laufen. Gut, es mag eine Rolle spielen, wo Sie wohnen. In München über eine vierspurige Hauptverkehrsstraße zu laufen mag nochmal eine andere Hausnummer sein, als wenn Sie am Rand eines in Dorfes mit 500 Seelen wohnen. 😊

Trotzdem ist da eine gesunde Scham. Scham ist dann vorhanden, wenn Sie einen Teil von sich vor anderen verbergen möchten, weil das nicht für die Öffentlichkeit gedacht ist. Scham hat sicher auch etwas mit Brauchtum zu tun. Ein Mensch, der einem Naturvolk oder Stamm angehörig ist, wo es normal ist, unbekleidet oder fast unbekleidet herumzulaufen, wird ein anderes Schamgefühl haben als wir Europäer.

Durch „Lernen am Model" – also das, was uns andere vorleben – lernen wir, was wir in unserer Kultur als schambehaftet empfinden und was nicht. Wir möchte etwas vor den anderen verstecken, weil wir da besonders sensibel sind, weil wir da besonders verletzlich sind. Kränkungen und Verletzungen zielen ja dann auf das Selbstwertgefühl ab.

Scham möchten wir gern vermeiden, Scham ist ein starkes und unangenehmes Gefühl! Scham schützt die Grenzen unserer Intimität. Und Scham ist ein Gefühl, das nur wir Menschen empfinden.

Die peinigende Emotion, die wir als Scham benennen, treibt uns dazu an, die „Norm" einzuhalten. Für ein Naturvolk wäre die Norm, unbekleidet herumzulaufen, für uns eher nicht. Die unbewusste Grundintention hinter dem Schamgefühl ist, Zusammenhalt in Gruppen zu etablieren und aufrecht zu erhalten. Das Zusammengehörigkeitsgefühl. Das sichere Gefühl: Das ist meine Familie, meine Rasse, meine Arbeit (nebst Kollegen).

Scham sichert also das Verbleiben in unserem „Rudel", schützt uns vor dem Ausschluss. In der Steinzeit bedeutete der Ausschluss von dem Rudel den sicheren Tod! Soweit eine gesunde Scham.

Es gibt aber auch eine Scham, die weit über das normale und gesunde Maß hinaus geht.

Das ist die toxische Scham.

Diesen Begriff habe ich erstmals gelesen bei der Sozialpsychologin Dr. Brene Brown, die sich sehr ausgiebig mit dem Thema beschäftigt hat Sie hat das Thema mit der toxischen Scham erforscht. Die toxische – also giftige – Scham ist ein Gefühl, bei dem wir uns nicht für unser Verhalten schämen, sondern für unser SEIN.

Das ist die kleine Stimme, die einem zuflüstert: „Du bist nicht gut, du bist nicht genug, du bist es nicht wert, du bist nicht liebenswert, du bist eine Last..."

Kennen Sie solche Gedanken?

Ein Mensch mit toxischen Schamgedanken hat das Gefühl, nicht richtig zu sein – deshalb versuchen diese Menschen verzweifelt, das Richtige zu denken, das Richtige zu sagen, das Richtige zu machen. Aber egal, wie sehr Sie sich auch anstrengen, das Gefühl, dass es nun reicht, dass Ihr SEIN genügt – dieses Gefühl will sich nie einstellen. Mir fällt es auch heute noch nicht leicht, immer gleich jeden toxischen Schamgedanken zu entlarven – und nicht zu glauben!

Mit der toxischen Scham geht eigentlich immer ein geringes Gefühl des eigenen Selbstwertes einher. Durch dieses schwache Gefühl des Selbstwertes werden natürlich alle Erlebnisse und Ereignisse wieder äußerst negativ bewertet!

Der Begriff **Co-Abhängigkeit** ist heute zwar schon deutlich weiter verbreitet, dennoch ordnen sich gerade Betroffene dort recht selten ein.

In einer Co-Abhängigkeit lebt man in enger Gemeinschaft mit einem Suchtabhängigen zusammen. Dabei ist es egal, ob es Alkohol, Drogen oder andere Süchte sind.

Ein Co-Abhängiger verliert das Gefühl vom eigenen Sein. In einer Co-Abhängigkeit werden die eigenen Bedürfnisse, Wünsche und vor allem die Gefühle nicht mehr erlebt. Sie bekommen keinen Raum, weil in der Familie alles vom Thema der Sucht beherrscht und dominiert wird. Das hat zur Folge, dass der Co-abhängige Mensch dann abhängig wird von der Anerkennung und der Bestätigung von außen, also von anderen Menschen. Durch das Gefühl der toxischen

Scham kann sich kein gesundes Fundament mit einem gut entwickelten und erlebten Selbst-Wert bilden!

Und so sind die von außen erlebten Zuneigungen und Bestätigungen immer nur von kurzer Dauer und sie kommen zu selten, sind nicht berechenbar und hinterlassen demnach immer nur kurzfristig ein gutes Gefühl.

Durch diese toxische Scham besteht dieses tief und fest verwurzelte Gefühl, nicht gut, nicht gut genug, nicht wertvoll und nicht richtig zu sein. Für Kinder und Jugendliche ist dieses Gefühl kaum auszuhalten! Für Erwachsene auch nicht, aber bis zum Erwachsenenalter hat man sich in der Regel schon Strategien erarbeitet, um mit diesem enormen Druck umzugehen. Der Druck, trotz des Alltages mit diesen als unangenehm empfundenen Gefühlen umgehen und den Alltag bewältigen zu können.

Eine dauerhaft bestehende Anspannung und das erdrückende Gefühl von Verzweiflung stellt sich ein und unbewusst wird nach Hilfsmitteln gesucht, um diesen Druck zu mindern oder ihm auszuweichen.

An dieser Stelle entstehen Süchte, die einem helfen, diese Gefühle der Unzulänglichkeit und Hoffnungslosigkeit nicht permanent zu spüren.

Eine Sucht wird von betäubten Träumen, verdrängten Sehnsüchten, verschluckten Tränen und eingefrorenen und nicht gefühlten Gefühlen hervorgerufen, nicht durch Drogen.

So entstehen auch Traumata und Abspaltungen, um nicht jeden Tag in jeder Minute mit diesen Gefühlen konfrontiert zu werden.

Jeder Süchtige weiß ganz genau, dass der Konsum dieses Suchtmittels nicht gut ist, meistens auch nicht gesundheitsförderlich. Aber mit den Suchtmitteln wird etwas verbunden. Und diese Erleichterung wird als wertvoller eingestuft, als in der bedrohlichen Situation mit den abgespaltenen Gefühlen zu verharren.

Selbst wenn gesundheitliche Einschränkungen drohen.

Jeder Raucher weiß mittlerweile, was für Folgen und Schäden für seine Gesundheit und unter Umständen die seiner Mitmenschen auftreten können. Schwierig zu verstehen ist dabei, dass die gewählte Strategie genau die ist, die dem jeweiligen Menschen in diesem Moment als die sinnvollste und liebevollste für sich selbst erscheint. Das muss für andere Menschen gar nicht so wahrgenommen werden. Würde dieser betroffene Mensch eine andere, bessere Strategie für sein Leben erkennen und annehmen können, würde er diese ja sehr wahrscheinlich wählen.

Wir wählen immer das, was wir in dem Moment als die beste Entscheidung erachten. Es kann sein, dass ich das zwei Stunden später anders entscheiden würde, weil ich dann mehr Informationen habe. Das ändert nichts an der Tatsache, dass jeder Mensch nach bestem Wissen und Gewissen seine Entscheidungen trifft! Unbewusst ist es eine Entscheidung aus Liebe.

Perfektionismus kann ein anderer Teil dieser toxischen Scham sein.

Dasselbe Grundgefühl: „Ich bin nicht gut genug" treibt einen Menschen mit einem perfektionistischen Verhalten an, weil er unbewusst versucht, diesen Fehler, nicht gut genug zu sein, auszugleichen zu wollen. Ich bin nicht gut genug, dann will ich wenigstens alles gut und bestens machen!

Dahinter steckt zum einen der Gedanke, alles unter Kontrolle haben zu wollen. Da, wo ich perfekt bin und keine Fehler mache, bin ich auch nicht angreifbar und mir wird meine Unzulänglichkeit, zumindest auf diesem Gebiet, nicht ständig neu präsentiert.

Zum anderen steckt die Hoffnung dahinter, durch perfekte Leistungen Anerkennung und Zufriedenheit zu erlangen.

Der Ursprung des Perfektionismus ist also auch die toxische Scham.

Das Fatale am Perfektionismus ist aber, dass das Ziel nie erreicht werden kann. Besser geht immer! Also kann der perfektionistische Mensch selten mit seinen Leistungen wirklich zufrieden sein, da er ja weiß, es geht noch besser und außerdem ist er ständig im Vergleich mit anderen Menschen.

Das Gefühl der Scham wird als sehr stark empfunden. Sollten wir mal so ein Gefühl erkennen, schaffen es betroffene Menschen sehr leicht, sich genau für diese Gefühle wieder zu schämen. Dass man es, obwohl man es doch längst besser wissen müsste, noch immer nicht verstanden oder geschafft hat. Und so ziehen wir uns leicht in einem Strudel aus sich selbst verurteilenden Gedanken immer wieder hinein.

Da ist das Thema der Bewertungen wieder sehr zentral.

Freundlich mit sich zu sein, barmherzig und liebevoll ist ein guter, erster Schritt, der immer möglich ist. Ja, wir haben es immer noch nicht verstanden, oder umsetzen können. Na und? Was ist daran wirklich schlimm?

Toxische Scham kann entstehen, wenn ein Kind sehr häufig als Rückmeldung von seinen Bezugspersonen Kritik, Vorwürfe, demotivierende und destruktive

Bemerkungen oder gar physische Aktionen in Form von Schlägen oder anderen schmerzhaften Erfahrungen bekommt.

Ein Kind kann das alles nicht einordnen und sucht immer bei sich selbst die Schuld.

Dann bleibt oft nur die Erklärung: Ich bin nicht richtig und nicht gut genug, sonst würden mich meine Eltern ja nicht so behandeln.

Ein Trauma ist dadurch gekennzeichnet, dass man einer Situation hilflos gegenübersteht. Damit man nicht ständig damit konfrontiert wird, spaltet die Seele unbewusst einen Teil ab. Der Teil steht dann nicht mehr zur Verfügung.

Eltern, die selbst traumatisiert sind, können mit ihren abgespaltenen Teilen ihrem Kind in diesem Bereich nicht zur Verfügung stehen. Das Kind spürt das zwar, ist aber zerrissen zwischen dem, was ihm erzählt und vorgelebt wird, und dem, was es wahrnimmt. Da Kinder erst einmal alles glauben, was die Erwachsenen erzählen, zweifelt es immer an sich und seiner Wahrnehmung und nie an dem, was die Eltern sagen.

Mit der toxischen Scham verhält es sich nicht anders. Oftmals sind die toxische Scham und traumatische Erlebnisse in der Kindheit gleichermaßen anzutreffen.

In der Regel finden in Beziehungen auch sehr selten gesunde und traumatisierte Menschen zusammen.

Zwei Menschen, die traumatisiert und (toxisch) schambehaftet sind und die das nie aufgearbeitet haben, werden ihren Kindern kaum ein gesundes Verhalten vorleben und beibringen können. Diese Eltern selbst wussten es einfach nicht anders.

Es geht auch hier überhaupt nicht darum, nun die schuldigen Eltern, Erzieher oder Bezugspersonen anzuprangern. Das wäre auch wieder nur im Außen schauen, um so von den schmerzhaften, inneren Prozessen abzulenken, die sich in uns selbst abspielen. Indem ich mich mit „den anderen" beschäftige, schaue ich nicht bei mir. Nur das, was ich bei mir anschaue, kann mir auch Schmerzen bereiten.

So ist es oftmals einfacher, die Schuld beim anderen zu suchen. Der andere soll sich bitte endlich ändern, dann geht es mir auch endlich besser.

Wenn der andere endlich mit dem Verhalten aufhören würde, könnte ich mehr Frieden haben.

Ist es wirklich das Verhalten des anderen?

Oder ist es mehr MEINE Reaktion auf das Verhalten des anderen, was da für innere Aufruhr sorgt? Da es aber MEINE Reaktionen sind und MEINE Gefühle – wieso sollte der andere sich denn da ändern? Ich fühle doch und ich reagiere doch.

Klar, wir meinen und hoffen, wenn der andere etwas verändert, dann muss ich ja nicht mehr so reagieren oder fühlen. Damit würde man dem Thema aber komplett ausweichen. Denn wenn dann ein anderer Mensch in mein Leben tritt, der wieder etwas tut, weshalb ich mich so fühle oder so reagiere, bin ich ja keinen Schritt weiter.

Damit mache ich mich immer abhängig vom Verhalten anderer Menschen und der Reaktion meines Umfeldes.

Um souverän zu leben und zu reagieren, kann die Veränderung also nur von mir ausgehen.

Nun kommen wir zu einem Thema, welches sich sehr unbequem für mich anspürt.

Vergebung

Nur wenn ich bereit bin, zu vergeben und zu vergessen, kann ich Frieden finden. Ich weiß, dass Sie mir nicht glauben werden. Sie wollen das bestimmt auch nicht glauben.

Sie dürfen Ihre Wut, Ihren Ärger, Ihren Groll und Ihre Verletzungen noch weiter festhalten und mit sich herumtragen. Das meine ich weder sarkastisch noch lieblos.

Wenn Sie an Ihren destruktiven Gefühlen festhalten wollen, weil Sie meinen, das noch nicht loslassen zu können, dann ist das für diesen Moment jetzt auch vollkommen in Ordnung. Aber vielleicht lesen Sie ja jetzt in den nächsten Zeilen etwas, an das Sie sich irgendwann, wenn Sie innerlich dazu bereit sind, erinnern werden. Deshalb bin ich motiviert, weiter zu schreiben, auch wenn das Thema unbequem ist.

Der folgende Satz wird Buddha zugeschrieben:

„An Ärger, Wut oder Groll festhalten ist, wie wenn du ein glühendes Stück Kohle aufhebst und festhältst mit der Absicht, es nach jemandem zu werfen - derjenige, der sich dabei verbrennt, bist du selbst."

Und das ist auch schon aus meiner Sicht die zentrale Aussage der Vergebung.

Sie können an Ihrer Wut, an Ihrem Schmerz oder an Ihrem Ärger festhalten, solange Sie wollen! Der andere, der Ihnen das angetan hat, was Ihnen unverzeihlich erscheint, wird das mit ziemlicher Sicherheit schon lange vergessen haben, der denkt gar nicht mehr daran. Denjenigen belastet das nicht.

Sie heben sinnbildlich jeden Tag dieses Stück Kohle auf und verbrennen sich, tun sich weh. Das Üble daran ist: Es zwingt Sie niemand dazu. Sie machen das selbst. Freiwillig.

Ist das nicht irr-sinnig, wenn man sich das einmal bewusst macht? Und es ist kein bisschen ein liebevoller Umgang mit sich selbst, das ist nicht freundlich.

Vergeben kann ich erst, wenn ich bereit bin, den inneren Widerstand aufzugeben. Und den Widerstand kann ich erst aufgeben, wenn ich einsehe, wie destruktiv dieses Verhalten ist. UND wenn ich bereit bin, meine Vergeltungsgedanken loszulassen.

Dieses Gefühl, dass es doch irgendwie eine ausgleichende Gerechtigkeit geben sollte. Dass der andere für seine Taten bestraft werden sollte. Und daran hängt manchmal der Gedanke, dass man erst dann glücklich sein kann, wenn der andere das zugegeben und eingesehen hat.

Black Box

Haben Sie schon einmal von der Black Box gehört?

Die findet sich voranging in Flugzeugen.

Die Definition laut Wikipedia:

… (bei Flugzeugen) bruch- und feuersicheres Gehäuse mit darin installiertem Flugdatenschreiber und Cockpit-Stimmrekorder, die wichtige Flugdaten bzw. die Gesprache im Cockpit aufzeichnen und die deshalb für die Aufklärung von Flugzeugunglücken wichtig sind."

Eine Black Box weiß also um jeden Husten, jedes Räuspern, jedes Wort, jedes Fehlverhalten der Piloten im Cockpit. Aber in der Regel bewahrt diese Box diese Geheimnisse, sie wird nicht zur Überwachung des

Flugpersonals benutzt, sondern um Unglücksfälle aufzuklären.

So ähnlich stelle ich mir vor, dass auch wir so etwas wie eine „Black Box" in uns haben.

Nicht materiell, nicht zum Anfassen. Aber zum Aufbewahren unserer tiefsten Geheimnisse, schlimmsten Gedanken und dunkelsten Ansichten. Das, was in der Regel nie ein anderer Mensch zu sehen bekommt. Nicht einmal unsere beste Freundin, nicht einmal unser Partner.

Das, was wir um jeden Preis vor der Welt zu verbergen suchen.

In dieser Black Box sammeln wir unsere gemeinen Gedanken, unsere Phantasien und auch das, was wir gerne vor uns selbst verstecken wollen.

Zum Beispiel sind dort auch unsere Vergeltungsgedanken. Manche Gedanken können wir zugeben – vor uns und vor anderen. Aber viele Gedanken und Phantasien würden wir niemals äußern. Zu groß ist unsere Angst, dass wir damit für andere abstoßend wären, dass andere uns ablehnen, dass andere schlimm finden, was für Gedanken wir haben. Aus dieser Angst heraus haben wir viele solcher Gedanken tief in uns vergraben. Wir schämen uns dafür.

Was meine ich nun mit Vergeltung?

Jemand hat Ihnen etwas angetan.

Sie belogen.

Betrogen.

Sie verlassen.

Sie hinterlassen.

Sie hintergangen.

Sie verletzt, physisch oder psychisch.

Sie misshandelt.

...

Und ganz tief in Ihnen wünscht sich ein Teil von Ihnen nichts sehnlicher, als dass dieser Mensch die gerechte Strafe dafür bekommt! Sie wünschen sich, dass dieser Mensch mindestens genauso viel und lange dafür leiden soll wie Sie! Sie sind sich sicher, dass der andere erst dann versteht, was er Ihnen wirklich angetan hat!

Und dann wird der andere einsehen, wie sehr er Ihnen Unrecht getan hat. Deshalb erscheint es auch so schwer, dieses Leid loszulassen. Jeden Tag werde ich daran erinnert, mehrmals am Tag, manchmal bewusst, oftmals unbewusst. Das fühlt sich so ungerecht an! Der Gedanke, ich sollte so ein Verhalten loslassen und nicht auf Vergeltung hoffen, der erscheint so empörend. Als würde ich damit den Taten zustimmen, als würde ich damit gutheißen, was geschah.

Und wir gehen jeden Tag neu durch den Schmerz, durch den Verlust, durch die seelische Pein – weil wir uns so sehr danach sehnen, dass dieser Teil unseres Lebens anders verlaufen wäre!

Wir wünschen uns so sehr, dass wir den Schmerz nicht erlebt hätten, dass dieser Verlust nicht eingetreten wäre, dass wir die Person nicht verloren hätten, dass wir den Job doch bekommen hätten, dass der Partner uns nicht verlassen hätte – dass wir deswegen immer neu durch das Tor des Leides und der Schmerzen gehen in der Hoffnung, dass es diesmal doch anders ist.

Wir durchleiden es wieder und immer wieder, um doch vielleicht einen Gedanken zu bekommen, den wir bisher übersehen haben, der uns das Geschehene ungeschehen machen lässt. Ein Gedanke, eine Idee, wie wir hätten verhindern können, was geschehen ist.

Wir wollen nicht, dass das, was passiert ist, wirklich passiert ist.

Das, was alles überschattet, ist der Gedanke, dass es hätte anders sein sollen!

Weil ich diesen Schmerz nicht fühlen will.

Eine Stimme in uns sagt uns, wenn wir das loslassen, dann stimmen wir überein. Dann geben wir auf.

Dann signalisieren wir, dass der Verlust doch nicht so groß war.

Als würden wir damit zeigen, dass wir nicht stark genug geliebt haben.

Manchmal halten wir an einem Schmerz und Verlust fest, weil wir damit das Gefühl haben, unsere Liebe für den Menschen nur damit aufrecht erhalten zu können.

Als ich zum ersten Mal in meinem Leben begriffen habe, dass ICH es bin, die daran festhält, dass ICH es bin, die sich jeden Tag neu in das Bad aus Pein und Schmerz und Scham begibt, da wuchs mein Widerstand beinahe ins Unermessliche! Das wollte und konnte mein Verstand nicht einsehen.

Der Schmerz hält MICH fest!

Ich war felsenfest davon überzeugt, und genauso spürte es sich auch an!

Wahrheit, stimmt das wirklich?

Verstehen Sie mich bitte nicht falsch, ich möchte weder, dass Sie jetzt sofort alles loslassen, was Sie belastet, noch, dass Sie mit der Taschenlampe der Vergebung in jeden Winkel Ihres Lebens leuchten. Obwohl – doch, eigentlich möchte ich das doch!

Weil ich weiß, dass es Ihnen dann besser gehen wird!

Weil ich weiß, wie dringend Sie es brauchen, dass Sie sich selbst vergeben können!

Und das geht oftmals mit der Vergebung für den anderen einher.

Aber es reicht mir, wenn ich Ihnen ein wenig bewusster machen kann, was da in Ihnen abläuft. Jeder Schritt der Veränderung beginnt mit einem winzigen Schritt ins Bewusstsein.

Wenn mir etwas bewusst ist, kann ich nicht mehr so tun, als hätte ich es nicht gewusst. Also kann ich vielleicht, aber es dürfte schwierig werden 😊

Vergebung (Fortsetzung)

Vergebung ist nichts, was man einmal an einem besonderen Tag praktiziert und dann ist es gut. Vergebung ist mehr eine innere Haltung, eine Bereitschaft, loszulassen. Vergebung ist ein Prozess.

* Der erste Schritt ist, zu erkennen: Wo bin ich bisher nicht bereit, zu vergeben?

Fragen Sie sich: Will ich weiter daran festhalten?

Sie können nicht gleichzeitig frei und im Widerstand sein, Sie treffen also eine Entscheidung.

Wollen Sie frei sein oder an den Vergeltungsgedanken festhalten, dass ausgleichende Gerechtigkeit erfolgen muss?

Und nochmal: Wenn Sie daran festhalten möchten, ist das vollkommen in Ordnung. Trotzdem haben Sie dann schon einmal ein wenig Licht in die Sache gebracht.

Falls Sie so sind wie ich war und noch manchmal bin, dann wollen Sie erst alle Schritte wissen, bevor Sie sich entscheiden.

Niemals die „Katze im Sack kaufen". Dann weiß man nicht, was man hat (oder nicht hat) und hat wieder einmal keine Kontrolle. 😊

* Ein guter, zweiter Schritt wäre, sich bewusst zu machen, dass es an dieser Sache noch mehr gibt, was man wahrnehmen könnte. Durch meine Bewertung (das war ganz schlimm, unhöflich, frech, niederträchtig, gemein, verletzend ....) kann ich nicht erkennen, ob da auch etwas ist, was trotz allem gut war.

Ich will damit keineswegs negieren, was da Schlimmes passiert ist! Aber vielleicht können Sie durch das, was Sie erlebt haben, besonders gut auf Menschen eingehen, die ähnliches erlebt haben.

Eine Mutter hat ihre kleine, schwer behinderte Tochter mit wenigen Lebensjahren verloren. Das war ein ganz schlimmes und sehr prägendes Erlebnis in dieser Familie. Nach Zeiten der Trauer hat diese Mutter die Bewältigung Ihrer Trauer zum Anlass genommen, sich selbst weiterzubilden und hat Ausbildungen in diese

Richtung gemacht, so dass es ihr nun möglich ist, anderen Eltern in dieser Situation zu begleiten und beistehen zu können. Diese Mutter weiß, was es bedeutet, ein Kind zu verlieren und kann so aus ihrer Trauer das Geschenk für sich erkennen, welches die kleine Lena ihr gemacht hat. Damit kann diese Frau erkennen, welche Stärke Sie nun hat und darf das anerkennen.

Vielleicht können Sie besonders gut dichten, wenn Sie in dunklen und depressiven Stimmungslagen waren.

Verstehen Sie? Die dunklen Seiten waren sowieso da, ich verharmlose damit auch nichts, was gewesen ist. Aber wenn ich schon so heftige Dinge erlebt habe, warum soll ich nicht das ganze Paket mitnehmen? Wir haben uns bisher nur auf den Schmerz und die Pein, auf den Verlust und die Ohnmacht konzentriert. Wäre das nicht ein kleiner Triumph, ein Schritt hinaus ins Leben, zu erkennen, was Sie dadurch aber auch gewonnen haben? Vielleicht hat der Schmerz Sie ermächtigt, das in besonderen Liedern oder Texten hinaus in die Welt zu tragen!? Vielleicht haben Sie durch Ihr Erleben einen besonderen Zugang zur Musik oder Kunst bekommen und können das mit anderen teilen? Vielleicht können Sie anderen beistehen, die auch einen Verlust erlitten haben, weil sie genau wissen, wie sich das anfühlt? So wie Lenas Mutter. Vielleicht sind Sie durch das Erlebte selbstloser und demütiger geworden?

Es gibt so viele Schätze, die wir bisher nicht beachtet haben, weil wir dachten, wir dürften nicht auf die guten Dinge sehen und diese auch mitnehmen. Doch, das dürfen Sie, und nur Sie können sich die Erlaubnis dazu geben - oder es sich verbieten.

Manche unserer Stärken schlummern übrigens auch in dieser Black Box.

Manchmal definieren wir uns über einen Glaubenssatz, der aussagt, dass wir keine Freude mehr empfinden dürfen, wenn jemand verstorben ist.

Dass wir genug weinen und trauern müssen, sonst würde jeder denken, wir hätten nicht genug geliebt. Deshalb haben wir vielleicht hauchzart etwas wahrgenommen, haben uns aber nie getraut, zu diesen Stärken zu stehen. Vielleicht ist es jetzt an der Zeit, dort mal hinzuschauen.

* Der nächste Schritt ist, freundlich und barmherzig zu sein. Zu aller erst mal zu sich selbst. Leider erkenne ich sehr oft, dass sich damit viele Menschen schwertun.

Vielleicht auch durch den Glauben geprägt, sollen wir uns hinten anstellen, uns um andere kümmern, aufopferungsvoll sein.

Eine Löwenmutter weiß genau, dass es für sie und ihre Kinder überlebensnotwendig ist, dass sie sich mit absoluter Priorität zuerst um sich selbst kümmert! Wenn sie nicht zuerst frisst und ausreichend frisst, wenn sie alles zu ihren Kindern schleppt, dann gefährdet sie damit letztendlich ihr Leben – und das Leben ihrer Kinder. Nur wenn sie gesund und bei Kräften ist, kann sie wieder auf Jagd gehen und wieder liebevoll für sich und ihre Kinder sorgen. Die Natur lebt uns das so vor, wir zerdenken nur so vieles - und dann kommen komische Dinge dabei heraus.

So ähnlich verstehe ich das auch mit der Dankbarkeit und Anerkennung.

Der etwas altmodische Begriff der Hoffärtigkeit gefällt mir da besonders gut. Überheblichkeit, Anmaßung und Stolz – wird mir entgegengehalten, wenn ich vorschlage, Fähigkeiten und Leistungen anzuerkennen. So sind wir erzogen worden, uns nicht zur Schau zu stellen.

Aber ist es wirklich hoffärtig, eine Gabe, eine Fähigkeit, die ich bekommen habe, anzuerkennen? Kann ich nicht grade damit, dass ich diese Gabe, dieses Geschenk annehme, anderen beitragen? Was wäre es für eine Verschwendung, wenn ich eine Gabe nicht auslebe, wenn ich mein Licht unter den Scheffel stelle? Nur weil ich meine, dass andere das von mir erwarten oder es unschicklich wäre?

Und wäre es nicht vielleicht sogar eine Einladung für andere Menschen, wenn Sie Ihre Gaben anerkennen und ausleben? Könnten Sie nicht anderen gerade damit

Mut machen, indem Sie das Leben und Ihre Dankbarkeit darüber auf diese Art zelebrieren?

* Ein letzter guter und für mich sehr wichtiger Schritt ist, im *Hier und Jetzt* leben.

Das haben wir alle schon gehört, das gehört auch irgendwie zur spirituellen Szene und scheint ein geflügelter Begriff zu sein.

Was bedeutet das im Zusammenhang mit Vergebung konkret? Wenn ich nicht verzeihe, sondern an meinen Vergeltungsgedanken festhalte – dann lebe ich nicht *im Hier*, nicht *im Jetzt*. Dann bin ich mit meiner Aufmerksamkeit, mit meinen Gedanken in der Vergangenheit.

Ich habe aber nur eine Aufmerksamkeit! Jedes Mal, wenn ich mich in der Vergangenheit aufhalte oder mich an ihr festklammern, betrüge ich mich selbst um den einzigen Moment des Lebens, wo ich Freude, Liebe, Glück und Frieden erleben kann.

Wenn Sie nicht bereit sind, zu vergeben, klammern Sie sich an den Begebenheiten der Vergangenheit fest, in der Hoffnung, die Vergangenheit damit irgendwie verändern oder beeinflussen zu können.

Die Vergangenheit ist aber schon längst geschehen. Wir haben die Vergangenheit schon gelebt und an dem Gelebten und Erlebten kann ich nichts ändern. Ich kann aber etwas an meiner Sichtweise und Bewertung des Erlebten in der Vergangenheit ändern.

Wenn ich das wirklich mache, wenn ich bereit bin, die Vergangenheit loszulassen, zu akzeptieren, wie sie war, dann verändere ich auch die Energie der Ereignisse von damals. Und damit verändere ich im gewissen Maße auch die Möglichkeit aller Perspektiven im *Hier und Jetzt* und somit auch der Zukunft.

Wenn mein Denken und Handeln nicht mehr maßgeblich von Vergeltungsgedanken dominiert wird, wenn ich mich nicht mehr täglich in dem Schmerz bade, sind im *Hier und Jetzt* wieder andere Dinge möglich. Mein Schutzpanzer kann aufbrechen und die verhärteten Schichten können abfallen.

Heute schreiben Sie ihre Vergangenheit für morgen. Ich wünsche Ihnen so sehr, dass Sie das Geschenk erkennen können, was in dem Akt der Vergebung für Sie liegen kann!

Teil 4: Die Sehnsucht nach Heilung und Hilfe

Heilung

Heilung kann geschehen, wenn ich selbst nichts mehr verstecken will. Wenn ich bereit bin, das, was ich vor mir selbst bisher verheimlicht habe, anzuschauen.

Die eigene Biographie anschauen, anerkennen und sich dafür nicht verurteilen - das ist die richtige Richtung. Es geht darum, Verständnis für den eigenen Werdegang, insbesondere der eigenen Kindheit, zu bekommen.

Wenn man Klarheit für das eigene Leben bekommt, dann lernt man, dass man als Kind nicht anders handeln konnte. Man darf erkennen, dass man als Kind keinerlei Schuld an etwas hatte. Und man darf ebenfalls erkennen, dass auch die Eltern und Bezugspersonen nicht anders konnten, sie haben die aus ihrer Sicht bestmögliche Strategie für ihr Leben gewählt. Ich sage damit nicht, dass es die bestmögliche Strategie für alle Beteiligten war!

Und ich darf das, was andere als bestmöglich für ihr Leben erachten, auch doof finden. Aber letztendlich kann ich nur für MEIN Leben wählen, ich weiß nicht, warum andere Menschen handeln, wie sie handeln.

Das ist dem Kind nicht klar, das Kind leidet. Aber als Erwachsener ist jeder in der Lage, aus der Retroperspektive die Situationen anders zu beurteilen.

Damit ist nicht gemeint, das, was man als Kind erlebt hat, als falsch zu bewerten!!

Es geht darum, die frühkindlichen oder kindlichen Überzeugungen und Gefühle neu zu betrachten, ihnen Raum zu geben, alles kommen zu lassen, nichts zu bewerten und dann bedingungslos zu fühlen und zu erleben.

Im Rahmen dieser ganzen Problematik kommen wir an dem Thema Sucht nicht vorbei.

Sucht

Was genau ist eigentlich eine Sucht?

Bei Wikipedia fand ich zunächst einmal folgende Definition:

„Sucht

1. krankhafte Abhängigkeit von einem bestimmten Genuss- oder Rauschmittel o. Ä.

"die Sucht nach Alkohol"

2. *übersteigertes Verlangen nach etwas, einem bestimmten Tun (Sucht nach Vergnügen)"*

Des weiteren wird zwischen Sucht und Abhängigkeit unterschieden:

Eine **Abhängigkeit** ist überwiegend auf eine bestimmte Substanz bezogen – zum Beispiel Alkohol oder Cannabis. Eine **Sucht** hingegen kann sich auch auf Verhaltensweisen beziehen, so etwa bei Kaufsucht, Sexsucht oder Arbeitssucht – sie muss also nicht stoffgebunden sein.

Sicherlich nimmt die Abhängigkeit von Personen oder Beziehungen hier eine Sonderstellung ein.

Sucht ist keine Charakterschwäche!

Die WHO definiert Sucht so:

„Wiederholter Konsum einer oder mehrerer psychoaktiver Substanzen, der zu einer periodischen oder chronischen Vergiftung führt (psychoaktiv: auf den Menschen, seine Wahrnehmung, sein Erleben und Verhalten einwirkend).

Toxische Scham und Sucht hängen nach meiner Erfahrung sehr oft zusammen. Menschen mit der Ausprägung der toxischen Scham haben oft Sucht-Tendenzen. Es ist nahezu egal in diesem

Zusammenhang, um welche Abhängigkeit oder Sucht es sich handelt.

Eines haben alle gemeinsam: Es geht darum, in dem Suchtverhalten eine Druckentlastung zu erfahren für eine bedrohliche, unangenehme oder kaum aushaltbare Situation mit überbordenden Gefühlen - so wird es zumindest empfunden.

Es geht also immer um Gefühle und Emotionen, die nicht wahrgenommen und gefühlt werden wollen.

Vielleicht sollten wir erst einmal sauber zwischen Gefühl und Emotion unterscheiden.

Gefühle und Emotionen

Ein Gefühl wird immer von mir erschaffen – aufgrund meiner Beurteilung und Bewertung einer Situation oder Sache.

Finden Sie irgendwo sonst ein Gefühl?

Entsteht ein Gefühl, wenn Sie etwas *nicht* bewerten?

Schon allein diese Erkenntnis lässt womöglich einen sehr gewagten Umkehrschluss zu:

Wenn ich nicht bewerte, sondern eine Sache erst einmal als das annehme, was es ist, bleibt ein Gefühl aus.

Ich *mache* mir also meine Gefühle selbst.

Immer.

Ohne Ausnahme.

Stellen Sie sich einmal folgende Situation vor:

Sie sitzen morgens im Büro und der Chef kommt mit zackigen und hart dröhnenden Schritten und mit hinter sich her wehendem Mantel durch das Büro gestapft und ruft Ihren Namen: „MÜLLER, SOFORT IN MEIN BÜRO!!!!!"

Alle im Großraumbüro drehen sich zu Ihnen um und Sie können alles von ihren Gesichtern ablesen. Von Angst über Mitleid, Häme, Genugtuung bis Ahnungslosigkeit ist alles vorhanden.

Was passiert da in Ihnen?

Es wird alles eng, Sie bekommen auch ein mulmiges Gefühl. Sie denken an die Gerüchte der Entlassungen, von denen Sie letzte Woche gehört haben und Sie sind sich sicher: Ich bekomme jetzt meine Kündigung!

Erinnern Sie sich an meine Klientin, Frau Müller, die alles auf sich bezieht? Genau so würde sie in dieser Situation denken und das Schlimmste erwarten.

Ein anderer könnte etwas verwundert sein, hat weder etwas von dem Gerücht gehört, noch ist derjenige besonders intelligent und wundert sich nur, warum der Chef so laut war.

Ein anderer Mensch wird ganz hibbelig und aufgeregt: „Meine Güte, ich habe letzte Woche nach einer Gehaltserhöhung angefragt, der Chef hatte das Wochenende Zeit, sich darüber Gedanken zu machen, bestimmt bekomme ich jetzt die Gehaltserhöhung!"

Die von mir erwähnte Klientin Gudrun K. würde gar nicht mehr in der Lage sein, zu arbeiten.. Alle Gedanken würden wirbeln, so beschrieb sie es einmal und sie würde sich permanent den Kopf zerbrechen, was das zu bedeuten hat.

Eine sehr junge Klientin Kassandra würde da nochmal anders reagieren. Sie war innerlich so gegen alles und jeden und wurde schnell mal bockig. Sie berichtete von einer ähnlichen Situation und meine, das wäre ihr egal, sie hätte eh kein Bock, dort weiter zu arbeiten und überhaupt wäre dort niemand wirklich freundlich zu ihr. Sie reagierte also weder mit Angst noch mit Verwunderung, sie begab sich gleich in eine Egal-Haltung.

Merken Sie, was ich damit deutlich machen möchte?

Eine Situation, mehrere mögliche Reaktionen mit unterschiedlichen Haupt-Gefühle dabei.

Mit Sicherheit gibt es noch viele weitere Möglichkeiten, welche Gefühle auftreten können – aufgrund von noch unterschiedlicheren Beurteilungen der Situation!

Eine Emotion ist meine Reaktion auf meine Wahrnehmung und auf meine Gedanken.

Eine Emotion ist ein Produkt meines Fühlens, welches durch den Filter meiner Glaubenssätze, Ansichten, Meinungen, Schlussfolgerungen oder Projektionen geht.

Gedanken, Meinungen oder getroffene Schlussfolgerungen können falsch sein und demnach sind die ausgelösten Gefühle meiner Beurteilung ja ebenfalls „falsch" - also vielleicht überzogen, unangemessen oder schlicht auch wirklich falsch.

Unser Gehirn unterscheidet nicht, ob wir etwas tatsächlich erleben oder ob wir uns nur vorstellen, etwas zu erleben.

Wenn ein Mensch etwas erlebt, kann diese Gehirnaktivität messbar dargestellt werden. Durch die Neurowissenschaft wurde ebenso festgestellt, dass Gehirnaktivitäten in derselben Hirnregion aktiv waren, wenn der Mensch sich das Szenario nur vorgestellt hat!

Was hat diese Tatsache für eine Relevanz?

Wenn ich mit Menschen in meiner Praxis arbeite, dann stoßen wir spätestens hier auf Widerstand. Mir wird oft mit dem Argument entgegnet, dass "wir ja nicht einfach nur so tun könnten, als würde es uns gut gehen, wenn es uns in Wahrheit total schlecht geht."

Meine Gegenfrage: Warum nicht?

Weil ... ich damit den Sachverhalt nicht ernst nehme?

Weil ich die Tatsache negiere?

Mein Leben lang habe ich mir negative und destruktive Dinge eingeflüstert. Nicht absichtlich, nicht willentlich, und nicht mal wirklich von mir bemerkt.

Ich hielt mich wirklich für einen positiven und optimistischen Menschen.

Bis mir ein Coach ganz offen gesagt hat: „Das kann nicht sein, Kerstin. Wenn Scheiße rauskommt, ist auch Scheiße drin" (das waren wirklich seine Worte! ☺)

Das wollte ich nicht so recht hören, in mir regte sich riesiger Widerstand.

Doch er schlug mir vor, da ich mich sowieso für ein 4-Wochen Programm angemeldet hatte, dass ich mich diese vier Wochen mal beobachten sollte. Diese vier Wochen der Selbstbeobachtung haben mir wirklich die Augen geöffnet.

Ja, ich war zu der Zeit positiv und optimistisch. Zumindest positiver und optimistischer als die allermeisten Menschen um mich herum. Ich sah schon immer die guten Seiten an allem. Und trotzdem lief, wie auf einer zweiten Spur, im Hintergrund immer alles ab, worüber ich mir Sorgen machte. Überwiegend über meine finanzielle Situation.

Die Sorgen als damals Alleinerziehende für zwei pubertierende Kinder zuständig zu sein.

Die Sorgen der Selbstständigkeit.

Die Sorgen und Ängste einer möglichen, neuen Partnerschaft.

Und wenn ich dann mal meine 24 Stunden am Tag **ehrlich** beleuchtet habe, und ich meine wirklich ehrlich, dann war ich nur einen kleinen Teil positiv und optimistisch.

Wenn mir ein Klient erzählt, dass er aber so extrem sensibel ist, die Schmerzen, die er täglich fühlt, sind so stark und er kann unmöglich seine Aufmerksamkeit davon abziehen – dann behaupte ich: Doch, kann er, er entscheidet sich nur in diesem Moment, seine Aufmerksamkeit auf dem Schmerz zu haben.

Niemand zwingt uns, einen Gedanken zu denken! Alles, was wir denken, denken wir freiwillig. Und wir hinterfragen das nie.

„Das passiert doch automatisch, dass man sich Sorgen macht", wird mir gesagt.

„Das ist doch normal, wenn Schmerzen da sind, dass man sich darauf konzentriert."

„Das macht doch jeder so – ins Gedankenkarussell einzusteigen und immer wieder das gleiche durchdenken. Schließlich sucht man ja nach einer Lösung".

Ja, das mag alles sein, und doch haben wir immer die Chance, etwas anderes zu wählen. Das „andere" erscheint uns nur so abwegig, nicht machbar. Und wie erfolgreich das „jeder" macht, kann auch nur jeder Mensch für sich bemessen und sagt nichts darüber aus, wie sinnvoll diese Maßnahme dann ist – nur weil es jeder macht.

Wenn ich mir nun also tagelang, wochenlang, monatelang, ja sogar jahrelang solche Dinge einrede, mir immer wieder das gleiche denke, darf ich mich nicht wundern, wenn sich genau das auch in meiner „Realität" zeigt.

ALLE Dinge, die existieren, waren zuerst ein Gedanke.

Ob Sie nun ein Brötchen nehmen, den Eiffelturm, einen Pullover oder dieses Buch hier. Ich habe erst daran gedacht, mir viele Gedanken gemacht, wieder und wieder, bis ich dann den Impuls bekam, eine Handlung zu setzen.

Testen Sie doch einfach, ob das stimmt, was ich hier schreibe. 😊

Achten Sie mal mindestens eine Woche lang auf Ihre Gedanken. Auf **alle** Gedanken!

Ich habe mal eine Zeitlang die „Mindbell App" auf meinem Handy genutzt. Das ist eine Achtsamkeitsglocke. Vereinfacht gesagt können Sie einstellen, in welcher Frequenz eine Glocke ertönen soll. Wenn sie erklingt, werden Sie an etwas erinnert. Ich habe diese Glocke also genutzt, um mich zu fragen:

WAS denke ich grade?

Und dann: WILL ich das denken?

Wenn nicht: Was will ich anstatt dessen denken?

Sehr zur Belustigung meiner Mitmenschen war die Glocke zeitweise auf 10 Minuten eingestellt. Alle 10 Minuten stellte ich mir diese Fragen. Diese Zeit war sehr ernüchternd für mich, aber gleichzeitig auch sehr hilfreich. Erkannte ich doch so meine Denkstrukturen, erkannte ich doch, was sich den ganzen Tag unbemerkt in mir abspielt. Und ich war auch ein wenig beschämt, welch destruktive und beurteilende Gedanken ich da erhaschte. Aber es gibt keinen Grund, sich dafür zu schämen oder damit überhaupt Zeit zu verbringen, herauszufinden, warum ich nun gerade so dachte und warum ich keine besseren und schöneren Gedanken über mich und die anderen hatte.

Ich konzentrierte mich dann lieber auf das, was ich wollte – nicht auf das, was ich weg haben wollte!

So, und nun noch einmal zu der These, dass wir uns ja schließlich keine Lügen "eintrichtern" können. Tun wir das nicht sowieso? Zwar nicht bewusst, nicht mit Vorsatz, aber sicher entsprechen nicht alle unsere Gedanken der Wahrheit.

Wenn Sie nur einmal an Ihre Gedanken denken, wenn Sie vor dem Spiegel stehen. In der Regel sind das oftmals keine freundlichen Gedanken. Das sind bewertende und unfreundliche Gedanken.

Wir glauben allen Gedanken, die auftauchen und behandeln sie so, als würden es unsere sein, als gehörten sie zu uns. Deshalb schenken wir ihnen ja diese große Aufmerksamkeit. Und wir glauben ihnen ungefiltert, ohne sie zu überprüfen!

Nehmen wir mal das Beispiel Gewicht. Viele Frauen (ja, auch Männer, das bestreite ich nicht, aber es ist dennoch überwiegend ein Thema bei Frauen) haben irgendwoher ein inneres Bild, wie sie meinen, wie eine Frau sein sollte. Schön, begehrenswert, erfolgreich im Beruf, tolle Mutter, selbst nach einer Geburt eine Top Figur. Das Bild der Figur wird durch die Medien nicht unerheblich geprägt. Sieht eine Frau nicht so aus und erfüllt sie nicht die Kriterien, zweifelt sie sehr schnell an sich selbst, definiert sich über Ihr Aussehen und kommt zu vernichtenden inneren Urteilen.

„Du bist zu dick. Wenn du nur diese xx Kilo abnehmen könntest...schau nur, wie du aussiehst... dein Doppelkinn kannst du nicht mehr verheimlichen und wird auf jedem Foto zu sehen sein. Und erst die Dellen auf deinem Oberschenkel, hässlich...diese Cellulite und das Fett an den Oberarmen beginnt auch schon zu schlabbern. ...“ Sie kennen Ihren persönlichen Dialog am besten!

Wenn wir ganz ehrlich sind: Sind das nicht auch Lügen, die wir uns täglich erzählen? Da machen wir uns auch keine Gedanken, ob das stimmt, ob das die Wahrheit ist. Was spricht denn dagegen, in eine schöne Vorstellung zu gehen? Ich bin ein Fan von „schönen Gefühlen! ☺

Sprich: Wenn ich die Wahl habe, mich für ein schönes oder für ein unschönes Gefühl zu entscheiden, wähle ich sehr gern lieber das schöne Gefühl.

Sie meinen jetzt sicher, dass man sich das nicht aussuchen kann, oder? Dass die Gefühle einen ja einfach überrollen, einfach da sind?

Hatten Sie schon einmal die Situation, dass Sie in einem Streit waren, vielleicht in der Jugend mit der Mutter oder der Schwester, oder in der Beziehung mit dem Partner oder den Kindern in der Pubertät. Sie waren voll drin –

und dann klingelt das Telefon. In der Regel blaffen Sie den Unbekannten am Telefon ja nicht an, oder? Sie sind in der Lage, umzuschalten, weil Sie in diesem Moment davon überzeugt davon sind, dass das geht, darüber machen Sie sich gar keine Gedanken. Sie sind freundlich, höflich und gewollt sachlich am Telefon, wenn erforderlich.

Wenn das Telefonat dann beendet ist, können Sie genauso schnell wieder umschalten und können sofort wieder in das Streitgespräch einsteigen, mit genau derselben Energie, mit genau denselben Gefühlen, die Sie zuvor im Streit auch hatten! Richtig?

Ein anderes Beispiel: Sie können jetzt an ein beliebiges Gefühl denken.

Nehmen wir mal das Gefühl der Zufriedenheit. Ich lade Sie ein, ein wenig mitzuspielen, wenn Sie möchten. Rufen Sie sich mal ein Gefühl der Zufriedenheit in Erinnerung. Etwas in jüngster Vergangenheit, wo Sie so richtig schön zufrieden waren. Das kann alles Mögliche als Auslöser gewesen sein. Bei mir, wenn ich Blumen und Erde schon vor einigen Tagen gekauft habe und ich endlich anfange, alle Blümchen in meine Kästen oder größeren Töpfe einzupflanzen. Das sieht hinterher nicht nur wunderschön aus, ich habe da auch ein richtig schönes Gefühl der Zufriedenheit.

Wenn der Winter in seinen letzten Zügen liegt, die Sonne noch sehr tief steht und man an Sonnentagen quasi in jedem Zimmer daran erinnert wird, dass man doch endlich mal alle Fenster putzen könnte. Ich habe nun viele Fenster, aber wenn ich das in Angriff nehme und viele geschafft habe, zaubert mir das in jedem Zimmer, welches ich betrete, ein Lächeln auf die Lippen – und ich bin sehr zufrieden mit mir und dem Ergebnis!

Denken Sie jetzt einfach an Ihre Situation, in der Sie sich an ein Gefühl der Zufriedenheit erinnern können. Lassen Sie das Gefühl dazu kommen, versuchen Sie sich so zu erinnern, als wäre der Augenblick gerade jetzt und Sie erleben ihn noch einmal. Erkennen Sie, wie zufrieden Sie sind. Beobachten Sie, wie Sie lächeln, lassen Sie innerlich dieses Lächeln wieder aufsteigen. Versuchen Sie, dieses Gefühl zu halten und vielleicht sogar noch ein wenig zu verstärken.

FÜHLEN Sie diese Zufriedenheit?

Können Sie das auch mit dem Gefühl der Freude machen? Wann haben Sie sich zum letzten Mal so richtig gefreut? Freude ist ein anderes Gefühl als Zufriedenheit.

Ich habe mich zum Beispiel sehr gefreut, als mein im Ausland lebender Sohn mir mitgeteilt hat, dass er zu meinem diesjährigen Geburtstag bei mir sein möchte. Oder als mir meine Tochter mitteilte, dass sie einen neuen Freud hat und sehr glücklich ist mit ihm.

Wie ist es mit dem Gefühl von Glück?

Wann habe Sie sich so richtig glücklich gefühlt? Freude und Glück liegen nahe beieinander, aber es gibt sehr unterschiedliche Nuancen. Glück ist mehr als Freude und viel mehr als Zufriedenheit.

Letztes Jahr habe ich mit meinem Freund einen Hotelaufenthalt gebucht, dort haben wir dann mitbekommen, dass an diesem Wochenende eine Veranstaltung des ganzen Ortes stattfinden würde. Tagsüber gab es unheimlich viele interessante Veranstaltungen, jeder Verein des Ortes schien mitgemacht zu haben. Das Hotelpersonal war äußerst freundlich und entgegenkommend und hat mir mein Lieblingszimmer ermöglicht, obwohl es unmöglich schien. Das Wetter des ganzen Wochenendes war einfach traumhaft, das Essen im Restaurant mundete unglaublich gut und als wir abends von einem geplanten Feuerwerk hörten, gingen wir ohne weitere Informationen los, einfach den Menschen nach. Es war aber unmöglich auszumachen, wo es denn nun genau stattfinden sollte. Und ich verspürte Ergriffenheit und tiefe Freude, als sich herausstellte, dass wir genau zur richtigen Zeit an genau der perfekten Stelle standen, um das ganze Feuerwerk in seiner gesamten Pracht genießen zu können. Die Zweisamkeit war kaum zu übertreffen an diesem Wochenende – ich empfand das alles als unsagbares Glück.

Ich staunte, nahm alles in mir auf, ich war dankbar, dieses Glück ein ganzes Wochenende erleben zu dürfen. Schon allein wenn ich Ihnen so davon berichte, bin ich wieder in diesem Gefühl. Ich kann darin schwelgen, es festhalten, es größer machen und wachsen lassen!

Nehmen Sie die Dankbarkeit. Wann waren Sie zuletzt so richtig dankbar? Ich gebe zu, in meinen Gesprächen treffe ich oft auf Menschen, die wirklich erst einmal lange überlegen müssen, um einen Punkt der Dankbarkeit zu finden. Das liegt daran, dass wir uns darin so wenig üben.

Viele, sehr viele Dinge nehmen wir einfach als selbstverständlich an, empfinden keine Dankbarkeit darüber und dann kommen wir auch nicht in gute Gefühle.

Fällt Ihnen etwas ein?

Nun, konnten Sie heute aufstehen? Ein Grund, dankbar zu sein!

Können Sie diese Zeilen lesen? Das bedeutet, Sie haben irgendwann einmal lesen gelernt und Sie haben Augen, die Ihre Funktion gut ausüben können! Ein Grund, dankbar zu sein!

Nerven Ihre Kinder Sie? Gerade jetzt in der Corona Zeit – keine Schule, keine Kindertagesstätte für nunmehr schon sechs Wochen. Eingesperrt in

Wohnungen und Häuser, da können Kinder ganz bestimmt auch mal nerven. Aber Sie HABEN Kinder, wahrscheinlich sind diese auch gesund? Ein Grund, dankbar zu sein!

Nehmen Sie mal einen tiefen Atemzug! Wann waren Sie zuletzt dafür dankbar? Selbst ein Lungenkranker bekommt noch irgendwie Luft in sich hinein – solange wir atmen, leben wir!

Ein Grund, dankbar zu sein?!

Haben Sie geduscht heute früh? Es kommt jeden Tag fließend warmes und kaltes Wasser aus Ihren Leitungen. Ein Grund, dankbar zu sein?

Haben Sie schon einen Tag in Ihrem Leben hungern müssen? Ich meine, weil Sie kein Geld für Nahrung hatten. Sind Sie dankbar dafür?

Haben Sie schon einen Tag unter freiem Himmel schlafen müssen, weil Sie keine Bleibe gefunden haben? Sind Sie dankbar dafür?

Ich kann Ihnen noch unzählige Dinge aufzählen, für die wir dankbar sein können, täglich neu, weil einfach nichts selbstverständlich ist! Mit gelebter Dankbarkeit kommt eine neue Lebensqualität in unser Leben. Indem wir Dinge wieder wahrnehmen, anders bewerten, kommen wir in ein gutes Gefühl.

Fragen Sie sich doch mal, ob Sie lieber ein gutes oder ungutes Gefühl haben möchten? Sicher werden Sie antworten, dass Sie lieber ein gutes Gefühl haben möchten – aber Sie wählen es nicht sehr oft, vermute ich mal? Wir haben verlernt, dankbar zu sein.

Erst, wenn wir das verlieren, was wir als so selbstverständlich ansehen, wissen wir zu schätzen, was wir hatten.

Sie erinnern sich? Wir haben nur eine Aufmerksamkeit und wir entscheiden, jeden Tag, jede Stunde, jede Minute, was wir mit dieser Aufmerksamkeit machen. Wenn ich dankbar bin, kann ich in diesem Moment weder Sorgen noch Angst haben oder mich auf meinen Schmerz konzentrieren.

Probieren Sie es aus! ☺

Dies ist nicht nur als reines Lese-Buch gedacht. Es lädt Sie ein, mitzumachen, auszuprobieren. Und vielleicht eine andere Bewertung einer Sache vorzunehmen.

Und so lade ich Sie ein zu einer Challenge.

Die Dankbarkeits-Challenge

Um Dinge in Ihrem Leben zu verändern, müssen Sie schon einige Dinge anders machen als bisher, ansonsten ist es sehr merkwürdig, auf Veränderungen zu hoffen, während Sie immer das gleiche machen. Auch wenn es verlockend sein mag – es wird nicht geschehen!

Nach dem Motto: Wasch mich – aber mach mich nicht nass. Klappt einfach nicht. ☺

Die Challenge der Dankbarkeit, zu der ich Sie einladen möchte, kann eine wirkliche Veränderung in Ihrem Leben bewirken.

Ich liebe Herausforderungen und habe schon viele angenommen.

Was benötigen Sie dazu?

Besorgen Sie sich ein schönes Notizbuch. Eines, das Ihnen quasi in die Hände hüpft, eines, das Sie wirklich schön finden. Das vom Design und von den Farben her Ihren Empfindungen entspricht, sodass Sie es jeden Tag gern in die Hand nehmen. Teil dieser Challenge ist es, dass Sie es aushalten, dass dieses Notizbuch vier Wochen lang gut sichtbar überall rumliegen darf. Wenn das Büchlein in einer Schublade verschwindet, wird es Sie nicht auffordern können, dass Sie es benutzen. Es sollte überall liegen dürfen, wo Sie gerade sind.

Mit einem Stift können Sie ähnlich verfahren. Sie können natürlich mit jedem Stift schreiben, der Ihnen in die Finger kommt. Sie können aber auch freundlich zu sich sein und sich einen ganz besonderen, speziellen, schicken Stift kaufen. Einen, den Sie richtig gern benutzen, mit dem das Schreiben leichtfällt. Das muss gar kein besonders teurer Stift sein. Ich habe mich mal verliebt in einen Füller, der in ein Tintenfass getaucht und mit Tinte voll gezogen werden musste. Außerdem mochte ich das Schriftbild dieses Füllfederhalters. Und ich behaupte, jeder Füller liegt anders in der Hand und jeder Mensch hat seine spezielle Neigung und seinen speziellen Druck, mit dem die Feder über das Papier gleitet. Das erkennen Sie schon daran, wenn Sie einen gut eingeschriebenen Füller eines anderen benutzen. Der wird bei Ihnen einfach nicht besonders schön schreiben.

Mit anderen Worten: Besorgen Sie sich Material, das Ihnen liegt, mit dem Sie sich wohlfühlen und mit dem Sie gern schreiben.

Und dann geht es los. Der erste Schritt:

Treffen Sie die Entscheidung, 30 Tage lang mindestens fünf Dinge aufzuschreiben, für die Sie dankbar sind. Machen Sie es verbindlich. Nicht vielleicht, oder wenn Sie Lust dazu haben. Verpflichten Sie sich Ihnen selbst gegenüber, jeden Tag fünf Dinge zu notieren.

Dankbarkeit wird Ihr Leben verändern!

Und dann noch ein guter Tipp von mir, der zwar nicht zwingend erforderlich ist, Ihnen aber einen Mehrwert bringen wird.

Es ist nicht gemeint:

Ich bin dankbar für meine Füße, für meinen Mann, für meine Kinder, für meine Arbeit, für meine Scheibe Brot. Suchen Sie sich begründete Dinge heraus, notieren Sie sich, warum Sie dankbar sind!

„Ich bin dankbar für meine Füße, weil sie mich heute so weit getragen haben!"

„Ich bin dankbar für meinen Mann, weil er mir auch sagt, dass er mich liebt, selbst wenn ich gerade ein kleiner Drache war!"

„Ich bin dankbar für meine Kinder, weil sie mir auch Freude machen und mein Leben bereichern!"

„Ich bin dankbar für meine Arbeit, weil sie mir meinen Lebensstil ermöglicht!"

„Ich bin dankbar für die Scheibe Brot, weil ich keinen Hunger leiden brauche."

Wenn Sie einfach nur die Aufzählung oben lesen – oder die Sätze mit Begründungen – wie spürt es sich dabei an? Merken Sie einen Unterschied?

Ich vermute mal, bei der begründeten Dankbarkeit empfinden Sie sehr viel mehr Dankbarkeit, vielleicht empfinden Sie auch mehr Freude?

Demut stellt sich ein, weil einem plötzlich bewusst wird, wie viele wundervolle Dinge es um uns herum gibt, die wir vorher gar nicht mehr wahrgenommen haben. Dinge, die wir als selbstverständlich angenommen haben. Und viele Dinge, über die wir noch nie oder schon lange nicht mehr nachgedacht haben.

Ich bin gespannt auf Ihre Erfahrungen und freue mich, wenn ich Sie für diese Challenge begeistern konnte. Lassen Sie mich teilhaben an Ihrer Freude und an Ihren Erfolgen!

Manchmal sagen mir Menschen, wenn ich über die Dankbarkeit rede, dass sie sich lieber nicht zu viel freuen, dann werden sie auch nicht so sehr enttäuscht, wenn etwas Schlimmes passiert oder nicht das eintritt, was sie sich erhoffen.

Ist das wirklich so?

Das bedeutet, den Pegel der Freude bloß nicht zu weit ausschlagen zu lassen, dann schlägt der Pegel der Enttäuschung auch nicht zu sehr aus? Dann befinden wir uns immer so etwa an einer gedachten Nulllinie. Das bedeutet aber genauso: Wenn ich keine großen Ausschläge nach unten, Richtung Traurigkeit oder Enttäuschung habe, dann habe ich ebenso wenig Ausschläge nach oben, Richtung Freude. Indem ich Enttäuschungen vermeiden will, würde ich damit auch Freude verhindern?! Ja, mag sein, dass ich mich mit dieser Strategie vor Verletzungen, Enttäuschungen und

Schmerz bewahre – aber genauso bewahre ich mich dann vor Freude, Dankbarkeit und Glück.

Und eines möchte ich bei dieser Strategie zu bedenken geben: Freude, Dankbarkeit, Liebe und Glück sind Empfindungen, aus denen wir Kraft schöpfen! Das, was wir durch diese Gefühle bekommen und erlangen, wird nicht durch eine Enttäuschung zunichte gemacht. Energie braucht sich vielmehr von der Angst auf, dass wir enttäuscht werden könnten!

Beachten Sie bitte den Konjunktiv!

Wir fürchten etwas, das eintreten könnte!

Furcht vor zukünftigen Ereignissen oder Sorgen schwächt unser Immunsystem und raubt uns Energie. Und sehr, sehr oft tritt gar nicht ein, was wir befürchteten, oder es war dann letztendlich gar nicht so schlimm. Aber wir haben uns tagelang, wochenlang, monatelang oder gar jahrelang im negativen Modus gehalten.

Verstehen Sie jetzt, warum ich zu der Aussage kam: Wenn ich die Wahl habe, wähle ich immer ein positives Gefühl?

Weil ich damit immer gewinne! Immer!

Und selbst, wenn ich enttäuscht werde in einer Sache – was ist daran so schlimm? Immerhin habe ich mich davor tagelang oder wochenlang gefreut – das kann gar nicht der Augenblick einer Enttäuschung alles vernichten.

Ich finde unseren Sprachgebrauch manchmal ziemlich klug und originell:

Wir sind **ent-**täuscht worden. Also haben wir zuvor etwas Falsches geglaubt oder gehofft, haben uns selbst getäuscht oder sind von anderen getäuscht worden. Ist das nicht eine prima Sache, wenn das nun ein Ende hat? Oder würden Sie gern weiter **ge-**täuscht werden? Klar ist das erst einmal ein blödes Gefühl – aber damit können wir doch arbeiten, wir können daraus wieder etwas Wunderbares entstehen lassen! 😊

Ich habe eine sehr schöne Definition von Freude gelesen:

„Freude ist das, was passiert, wenn wir uns erlauben, zu erkennen, wie gut die Dinge in Wirklichkeit sind" (Marianne Williamson)

Und damit sind nicht die „höher, weiter, schneller" Dinge gemeint. (immer schnelleres Internet, immer heftigere Adrenalinkicks, 17 Länder besuchen in 5 Tagen, immer ausgefallenere Events, ...)

Viele Menschen fürchten sich vor Gewohnheit im Partnerschaftsleben.

Dabei wird Gewohnheit mit Langeweile gleichgesetzt oder verwechselt. Gewohnheit an sich ist gar nichts schlechtes. Gewohnheiten geben Sicherheit, auf Gewohnheiten kann man sich verlassen. Gewohnheiten bilden eine Grundlage für eine Beziehung.

Das, was Beziehungen kaputt macht, sind in der Regel nicht Gewohnheiten. Es sind Verletzungen, Gleichgültigkeit, Rechthaberei und die Erwartungshaltung, dass eine gute Beziehung „einfach so passiert" oder dass der andere für meine Bedürfnisse zuständig ist und diese erfüllen soll, die ich mir selbst nicht erfülle.

An einer guten Beziehung kann man arbeiten, wenn beide Partner das wollen. Dazu muss man aber miteinander reden, und zwar offen und ehrlich.

Wenn Sie die Dankbarkeits-Challenge durchziehen, werden Sie feststellen, dass es genau diese Gewohnheiten sind, die Sie plötzlich wieder bemerken, schätzen und würdigen.

Wenn Sie von besonderen Momenten Ihrer Kindheit oder Vergangenheit berichten, sind das oft die gewohnten Dinge, die uns viel bedeuten, die wir in Erinnerung behalten haben und die oft auch mit Sitten oder Ritualen in Verbindung gebracht werden.

Gibt es Dinge aus Ihrer Kindheit, die immer in der Weihnachtszeit gemacht wurden? Wie Kekse backen mit der Mama oder der Oma? Meine Kinder erinnern sich gern daran, dass das Wohnzimmer, in dem der Baum stand, ab der Mittagszeit am Heiligabend immer gesperrt war. Dann gingen wir immer gemeinsam in die Kirche, erst dann gab es die Bescherung und das ist auch eine lieb gewonnene Gewohnheit..

In meiner Kindheit gab es einmal in der Woche das Bad in der Wanne. Der riesige Kessel wurde eingeheizt und jeder durfte baden.

Zu einer Zeit, als ich eine eigene Familie hatte, meine Kinder schon älter waren und ein ständiges Kommen und Gehen im Haus war, aufgrund von Hobbies oder Nachmittagsunterricht und dergleichen, war es meine liebe Gewohnheit, wenigstens abends alle Familienmitglieder gemeinsam an den Tisch zu holen. Ich liebte diese gemeinsame, laute und turbulente Zeit. Wir waren da als Familie, tauschten uns über den Tag aus und aßen gemeinsam.

Zur Sommer- und Herbstzeit liebe ich es, Marmelade selbst herzustellen. Das ist auch eine Gewohnheit, das mache ich jedes Jahr. Ich möchte Ihnen einfach die Angst vor Gewohnheiten nehmen. Gewohnheiten an sich sind nichts Schlechtes, es kommt immer darauf an, wie bewusst wir Dinge machen und was wir damit verbinden. Und vielleicht können Sie Ihre Gewohnheiten hernehmen, untersuchen und erkennen, wie großartig das ist, was Sie da machen. Dann entsteht ganz automatisch Dankbarkeit.

Gestern Nacht führte ich ein langes Telefonat mit einem alten Freund und mir ist dabei ein Begriff in Erinnerung geblieben, den ich hier unbedingt auch noch behandeln möchte.

Trigger

Der Begriff wird gar nicht mal so selten benutzt und ungefähr weiß auch jeder, was er bedeutet und was damit gemeint ist.

Trigger ist ein englisches Wort und bedeutet übersetzt „Auslöser"

In der Psychologie versteht man unter Trigger Sinneseindrücke, die Erinnerungen an alte Erfahrungen in einer Art wecken, als ob diese Erfahrung jetzt nochmal neu gemacht werden würde. Diese Erinnerung erfolgt meist plötzlich und mit großer Wucht. Die damaligen Gefühle werden unmittelbar erlebt (Flash back).

Und damit haben wir auch den Bogen zur toxischen Scham gespannt. Das, was das Gefühl dieser toxischen Scham auslöst, sind ja oftmals diese sogenannten „Trigger". Etwas, was gesagt oder getan wurde, löst einen Impuls aus, der uns in eine damalige Zeit zurückversetzt. Wir fühlen und erleben wie das kleine Kind in uns, sind uns dessen aber meistens gar nicht bewusst.

Und hier liegt doch auch eine wunderbare Chance. Ja, das unmittelbare Erleben fühlt sich erst mal sehr unangenehm an, aber ich bin ja nun in der Lage, anders zu reagieren. Auch hier beginnt alles damit, sich bewusst zu machen, was passiert und abläuft. Zu erkennen, dass diese aktuelle Situation meist etwas auslöst, was wir früher als lebensbedrohlich oder extrem schlimm eingestuft haben. Wir können mit diesem Wissen aber eine Situation neu bewerten.

Aber auch das geht nur, wenn wir uns Fragen stellen.

Wie Sie ja nun wissen, bin ich ein Fan von offenen Fragen. Fragen, die erweitern, die jenseits meiner Schlussfolgerungen und Ansichten ansetzen.

Mögen Sie mal so einen Prozess mit mir durchgehen?

Hier nun eine Möglichkeit, mit Fragen zu arbeiten. Im Anschluss stelle ich Ihnen noch eine weitere wunderbare Methode vor, wie man mit einengenden, hoffnungslos erscheinenden oder festgefahrenen Situationen umgehen kann.

Sie können wieder etwas von Ihrer Liste nehmen oder erst einmal schauen, was diese Fragen mit Ihnen machen oder bei Ihnen auslösen.

Erweiternde Fragen

* Benennen Sie Ihren Glaubenssatz.

Als Beispiel nehme ich mal: Ich bin hässlich, das hat mir auch mein letzter Freund gesagt.

* Was macht dieser Glaubenssatz mit Ihnen? Warum möchten Sie ihn loslassen oder verändern?

Ich spüre in mich hinein. Das macht mir einen Kloß im Hals und es fühlt sich an, als wäre ein Stein in meinem Bauch. Es wird alles ganz eng. Ich will mich nicht so fühlen, weil mich das traurig macht, ich fühle mich dadurch ganz klein, unbedeutend, nicht wichtig, ich will mich anders fühlen. Ich fühle mich nicht liebenswert.

* Es geht darum, Entscheidungen zu treffen: Wollen Sie das (Ihren benannten Glaubenssatz) weiterhin glauben?

Ich will das ja nicht glauben, aber es stimmt doch, wenn sogar mein Ex das sagte, dann muss es ja stimmen.

* Sind Sie sicher, dass dieser Glaubenssatz wahr ist? Ist er allgemeingültig? Trifft er auf alle Menschen zu? Begründen Sie für sich, warum Sie meinen, dass der Glaubenssatz wahr ist.

Ja ich bin mir sicher. Ok, meine Oma hat früher immer gesagt, dass ich hübsch bin, aber das sagen Omis so. Es findet sich bestimmt nicht jeder hässlich, aber bestimmt jeder, der mal hässlich genannt wurde. Obwohl, das stimmt gar nicht, meine Freundin wurde letztens auch mal angepöbelt und jemand hat sie als „hässliche Kuh" beschimpft, da hat sie nur gelacht.

* Kann ich zu 100% sicher sein, dass das stimmt, was ich glaube?

Ich glaube es schon, aber zu 100% kann ich mir nicht sicher sein, dass jeder Mensch auf dieser Welt mich hässlich finden würde.

* Kann auch das Gegenteil wahr sein? Gibt es Menschen, die auch die gegenteilige Aussage als Glaubenssatz haben?

Das ich hübsch bin? Wenn ich dünner wäre, bestimmt, oder mehr Geld hätte. Mhm, vielleicht gibt es ja jemanden, dem ich gefallen würde, keine Ahnung, im Moment kenne ich niemanden. Ok, ich habe auch niemanden gefragt, ich vermute, dass es so ist, ich gehe ja auch nicht herum und sage jemanden, dass ich ihn hübsch finde.

Diese Fragen sind eng verbunden mit den Fragen, die die Amerikanerin Katie Byron für sich als sehr wirkungsvoll entdeckt hat.

Ich persönlich arbeite sehr gern damit.

Aber auch hier geht es darum, ernsthaft zu Fragen und auf das Aufsteigen der Antworten zu achten und nicht auf das, was Ihr Verstand Ihnen gerne einreden möchte.

Geschichtenerzähler – wer bin ich?

Wir leiden nur, wenn wir stressvollen Gedanken Glauben schenken.

Es sind niemals die Situationen an sich, die uns Sorgen bereiten.

Es sind unsere Bewertungen darüber und unsere Ansicht, dass etwas daran anders sein sollte!

Tatsache ist: Es IST gerade, wie es ist. Aller gedanklicher Widerstand führt zu dem, was wir Angst, Sorge, Unfriede oder Unglück nennen. Wir erzählen uns ständig Geschichten um das, was IST. Wenn wir es bei dem belassen können, was ist, es einfach nur sein lassen können, sind wir augenblicklich im Frieden. Wir können tatsächlich im Frieden mit allen Situationen sein. Ich muss nicht alles glauben, was ich denke. 😊

Für mich war das eine sehr zähe Arbeit. Ich habe mir teilweise über Jahrzehnte Geschichten erzählt, dementsprechend fest zementiert waren sie in meinem Inneren. Es fühlte sich so wahr an – weil es schon immer so war. Weil ich es mir schon immer so erzählt habe und dementsprechend auch geglaubt habe!

Im Grunde genommen ist alles eine „Geschichte" die wir uns erzählen und glauben, wenn Sie einen Satz mit ICH BIN beginnen. Und alles, was nach dem ICH BIN kommt, ist die Geschichte, die wir uns selber basteln und erzählen. Was oder wer bin ich ohne diese Geschichten? Ok, wir könnten nochmal einen Schritt zurück gehen.

Wer sind Sie? Wenn ich Sie jetzt auf der Straße anhalte und frage: „Wer sind Sie?" Was wäre Ihre erste, spontane Antwort?

Es geht hier nicht um eine richtige oder falsche Antwort! Es geht hier darum, zu erkennen, was ich glaube und warum ich das glaube.

Ich habe früher geantwortet: „Ich bin Kerstin."

Ok, das beantwortet aber nicht wirklich die Frage, wer ich bin.

Ich heiße Kerstin.

Ok, ich bin Krankenschwester, Heilpraktikerin, Autorin, Mutter, Freundin, Tochter, Schwester...und noch einiges mehr.

Das war dann die Antwort auf die Frage, was ich für Ausbildungen habe oder was ich für Rollen im Leben übernommen habe.

Das beantwortet immer noch nicht, wer ich bin.

Mein weiterer Versuch: Ich bin ein Mensch mit Vorstellungen, Erkenntnissen und Erlebnissen, ein fühlendes Wesen.

Nun, wir kommen der Sache schon näher.

Wenn Sie einen Satz mit ICH BIN beginnen, dann ist alles Ergänzende, was Sie danach sagen, meiner Meinung nach im ICH BIN schon mit enthalten.

Spüren Sie einmal rein, wenn Sie sagen: ICH BIN.

Warum sollte es nicht reichen, einfach zu sein? Woher kommt dieses Gefühl, dass es nie reicht, dass wir immer besser werden sollen, uns immer optimieren müssen?

Die Antwort, die ich auf die Frage „wer bin ich?" gefunden habe:

„Ich bin – reines Bewusstsein."

Indem ich bewusst bin, beinhaltet es sowieso alles, was hinter einem ICH BIN noch als Aufzählung kommen würde. Reines Bewusstsein ist das, was sich einstellt, wenn der Verstand mal still ist. Wenn es keine Bewertungen, Schlussfolgerungen, Anforderungen oder Projektionen gibt. Wenn nichts anders sein sollte, als es grade ist. Und da ich zuvor bereits aufgeführt habe, warum ich nicht mein Verstand bin, sondern behaupte, dass nicht einmal alle Gedanken, die durch meinen Kopf tanzen, auch wirklich meine sind, ist dieser Umkehrschluss für mich sehr logisch.

Wer oder was bin ich, wenn all das mentale Geplapper des Verstandes mal verstummt? Wenn ich mich nicht darüber definiere?

Für mich war das eine wahnsinnig große Erleichterung, als ich den Gedanken das erste Mal zuließ, dass ich mehr bin als nur meine Gedanken, die so selbstzerstörerisch sein können.

Es war befreiend, zu erkennen, dass es mehr gibt jenseits aller Ansichten und Bewertungen, mit denen ich mir das Leben so schwer machte. Oder zumindest nahm ich an, dass andere mich auch bewerteten und mir damit das Leben auch schwer machten.

Teil 5: Das Ziel

Reines Bewusstsein

Um reines Bewusstsein zu erleben, bedarf es zunächst einer Entscheidung. Immer wenn wir einen Beschluss für etwas fassen, sind wir wesentlich verbindlicher. In diesem Fall die Entscheidung dazu, einen innerlichen Beschluss zu fassen, sich auf das reine Bewusstsein einzulassen. Die Möglichkeit in Betracht zu ziehen, dass wir mehr sind als unser plappernder Verstand!

Der zweite Schritt ist die Bereitschaft zum Üben. Schauen Sie selbst, wie alt oder jung Sie jetzt in diesem Moment sind, wo Sie diese Zeilen lesen. Wie viele Jahre haben wir es anders praktiziert, etwas anderes geglaubt? Ziemlich sicher wird es Ihnen nicht gleich beim ersten Mal gelingen, lassen Sie sich davon bitte nicht entmutigen!!

Nehmen Sie sich eigentlich regelmäßig Zeit für sich? Ich plane verbindlich für mich eine Stunde am Tag ein. Kennen Sie den netten Spruch? Ich finde leider keine Quelle dazu, vom wem der sein könnte:

„Plane jeden Tag für dich selbst eine halbe Stunde ein, und wenn der Kalender mal voll wird und es eng wird – mach eine Stunde daraus".

Aber fangen Sie doch mal mit 15 Minuten täglich an. Ich kann Ihnen aus meiner Erfahrung sagen, dass es wirklich nur eine Sache der Prioritäten ist. Beobachten Sie mal, wie viel Zeit Sie am Tag am Handy verbringen. Wie viel Zeit schauen Sie Fernsehen? Wie oft sind Sie im Internet? Scrollen sich durch bei Facebook oder Instagram oder Pinterest? Wie oft blättern Sie in irgendwelchen Zeitschriften oder Modemagazinen? Es geht mir nicht darum, dass Sie sich davon irgendetwas verbieten sollen. Aber sind diese Dinge wirklich ein Beitrag für Ihr Leben? Oder vergeuden Sie damit einfach wertvolle Lebenszeit?

Kennen Sie den Unterschied zwischen einer Ausgabe und einem Investment?

Wenn ich Geld ausgebe und einen augenblicklichen Nutzen ohne Mehrwert habe, dann handelt es sich um eine Ausgabe. Ein Buch kaufen, ins Kino gehen, Urlaub machen, das neue Auto…

Wenn ich mein Geld anlege für ein Seminar, in dem ich mehr lerne und mit dem ich vielleicht am Ende mehr Geld verdienen kann   das ist ein Investment.

Wenn Sie sich Aktien kaufen oder Ihr Geld in Fonds anlegen – das ist auch ein Investment.

Ein Investment ist es dann, wenn Sie durch diese momentane Ausgabe einen späteren Mehrwert erwarten dürfen. Natürlich kann auch ein Buch einen Mehrwert habe, kommt sicher auf das Genre an. Und auch ein Urlaub kann ein Investment in die Gesundheit sein. Meistens überwiegt aber der augenblickliche Nutzen mehr als der Langzeitwert.

Deshalb sehe ich Zeit, die ich für mein inneres Wohlbefinden und mein inneres Wachstum reserviere, als ein Investment.

Jeden Tag bekommen Sie neu 24 Stunden geschenkt - etwas, wofür Sie dankbar sein können. Das sind 1440 Minuten, oder 86400 Sekunden. Das ist ein wertvoller Schatz und Sie allein entscheiden jeden Tag, was Sie mit diesem Schatz machen, wie Sie Ihre Zeit verteilen. Wie sehr Sie Ihre Zeit investieren oder vergeuden.

Ich habe lange gebraucht, um zu begreifen, dass wir hier im wahren Leben sind, dass dies keine Generalprobe ist, deren Hauptaufführung noch kommt. Wenn Sie also Zeit investieren wollen, da ist etwas Lebenszeit sicher gut angelegt, wenn Sie sich üben, reines Bewusstsein zu erfahren.

Zwei einfache Übungen dazu kann ich Ihnen vorstellen. Es gibt sicherlich noch mehr, aber ich finde, es muss nicht immer alles kompliziert sein. Es darf auch einfach mal einfach sein.

Eine Möglichkeit ist, dass Sie sich an einen Ort hinsetzen, wo Sie sich wohlfühlen und für 15 Minuten nicht gestört werden.

Dann beobachten Sie einfach Ihren Atem.

Möglicherweise fangen Sie an, „komisch" zu atmen. Machen tiefere Atemzüge als üblich oder Sie halten die Luft länger an. Gestatten Sie sich einfach alles, ohne irgendetwas zu erwarten oder zu bewerten. Wenn Sie bemerken, dass ihr Verstand einfällt und sie anfangen, wieder an Probleme zu denken, dann einfach wieder von vorne beginnen. Atmen. Schauen Sie einfach, wie Sie atmen, mehr nicht. Dann können Sie bei jedem einatmen innerlich „ICH" denken und bei jedem ausatmen „BIN". Das war es schon. Es kann sein, dass Sie die Worte mal langziehen. Meiner Erfahrung nach gibt sich das alles nach 10 Minuten, dann ist der Verstand gelangweilt und er gibt einfach auf. Wenn Sie merken, dass andere Gedanken dazu kommen, holen Sie sich einfach wieder zurück. Lassen Sie den Gedanken ziehen und konzentrieren sich wieder auf Ihre Atmung. Ein und aus. Zu Anfang werden Sie wahrscheinlich fast verzweifeln, wenn Sie erkennen, wie oft sich Gedanken da einschleichen!! Bleiben Sie dran, mit etwas Übung jeden Tag werden Sie bald Fortschritte erkennen können. Meine Erfahrung: Nach zehn Minuten etwa gibt der Verstand auf, nach zwölf Minuten bin ich im reinen Bewusstsein. Da ist nur Ruhe, nur Frieden, nur SEIN! Keine Gedanken, keine Emotionen, keine Gefühle, kein SOLLEN oder MÜSSEN! Es kann sein, dass Ihnen leicht schwindelig wird von dieser Erfahrung. Nichts mehr, an dem der Verstand noch festklammert.

Das ist für mich das allerschönste Erleben!

Eine zweite Möglichkeit, reines Bewusstsein zu erfahren ist, wenn Sie sich auf zwei Dinge gleichzeitig konzentrieren.

Sehr einfach geht das mit der Zunge, die Sie bei geschlossenem Mund im Gaumen wahrnehmen und die Sie einfach sanft vorne an die Zähne drücken. Nun nehmen Sie mit einem Teil der Zunge die Zähne wahr, mit einem anderen Teil der Zunge können Sie gleichzeitig den Gaumen und das Zahlfleisch wahrnehmen. Dabei ist es egal, ob Sie die obere Zahnreihe oder die untere nehmen. Denken Sie daran: Wir wollen es einfach machen.

Einfach einfach machen! (Nein, das war kein Druckfehler) 😊

Auch hier wieder: Gedanken, die aufkommen, einfach ziehen lassen und immer wieder von vorn beginnen, ohne sich dafür zu bewerten oder zu beschimpfen. Zu Anfang werden Sie Ihr Umfeld noch wahrnehmen. Geräusche, die von weit her kommen, plötzlich juckt die

Kopfhaut, Gedanken an all die Termine morgen schleichen sich ein. Immer weiter sanft zurückkommen zum Fühlen und Wahrnehmen der zwei verschiedenen Dinge. Auch dabei wird der Verstand irgendwann müde und langweilt sich.

Das ist der Moment, auf den wir warten.

Bei beiden Methoden geht es darum, den Verstand mit „doofen und langweiligen" Dingen zu beschäftigen – wie Atem beobachten oder Zahnfleisch und Zähne gleichzeitig spüren. Zu Anfang ist der Verstand noch hellwach dabei – er wittert eine Falle oder Gefahr, eine List. Je häufiger Sie das machen, umso schneller wird der Verstand sich langweilen und aussteigen. Das ist wie ein kleines Kind, welches Sie mit einem Spiel beschäftigen, damit es Ihnen nicht ständig hinterher läuft. Irgendwann schläft es einfach ein oder findet sogar Freude am Spiel – dann haben Sie den Moment für sich. Sie müssen also nichts entwickeln, Sie müssen nichts Kompliziertes machen.

Um reines Bewusstsein zu erleben, müssen Sie einfach hinter Ihre Gedanken und hinter Ihren plappernden Verstand blicken. Das Bewusstsein ist da, es kann gar nicht nicht da sein. Aber wir brauchen ein wenig Übung, um hinter dem Vorhang der ständig vor sich hin plappernden Gedanken wahrnehmen zu können. Ich kann Sie nur ermutigen, dran zu bleiben. Das

Bewusstsein zu erleben, ist eine sanfte, schöne und tiefgreifende Erfahrung!!

Nur, um das Thema abzurunden, will ich der Vollständigkeit halber noch die komplette Methode der Katie Byron erklären. Die Methode wird „The Work" genannt und ich bin kein ausgebildeter „Worker", das ist aus rechtlicher Sicht wichtig, das zu erwähnen. Wenn Sie mit dieser Methode arbeiten, wird empfohlen, die Glaubenssätze mit Begründung aufzuschreiben. Das ist deshalb wichtig, weil wir uns sehr gerne selbst etwas vormachen und uns belügen. Wir schwächen andernfalls den Satz gerne ab oder reden uns ein, dass er so krass gar nicht gemeint war. Und es ist aus meiner Sicht wichtig, damit Sie erkennen können, was sich an Ihrer Sichtweise möglicherweise verändert hat! Also nehmen Sie Ihren Glaubenssatz, hier sind Beispiele, was damit gemeint sein könnte:

Meine Kollegen lästern ständig hinter meinem Rücken.

Mein Partner hat nur noch schnellen, lieblosen Sex mit mir.

Meine Schwiegermutter hat ständig an meiner Kindererziehung etwas auszusetzen.

Alle Ausländer sind Betrüger.

Die Ausländer von gegenüber sind rücksichtslos und hören ständig zu laute Musik.

Mein Chef würdigt meine Arbeit nicht und gibt meine Ideen immer als seine aus.

Wählen Sie einen dieser Aussagen aus oder formulieren Sie einen für Sie passenden Satz. Versetzen Sie sich in diese erlebte Situation, fühlen Sie, wie Sie sich gefühlt haben, als es geschah.

Ich arbeite mal zur Veranschaulichung mit dem Satz: Die Ausländer von gegenüber sind rücksichtslos und hören ständig zu laute Musik. - Oh ja, dann kann ich mich gut rein fühlen, das war erst letzten Sonntag wieder so, diese laute Musik, die hocken auch ständig mit so vielen Leuten im Garten herum und stellen sich auf die Parkplätze vor dem Haus, so dass ich nie was finde vor der Haustür!! Und diese Musik ist absolut schrecklich, aber die machen das immer so laut, ich kann gar nicht weghören.

Was haben Sie gedacht? Wie hat Ihr Umfeld reagiert?

Ich war sauer, und wie. Die wohnen doch nicht allein hier, ich fühle mich nicht gesehen und wahrgenommen, wie es mir oder den anderen Anwohnern geht, ist denen ja egal. Auch die anderen Anwohner haben sich schon beschwert!

Und dann stellen Sie sich die erste Frage:

1) Ist das wahr?

Es geht hier darum, ein JA oder NEIN zu bekommen, mit anderen Antworten eiert der Verstand nur rum. Und ein JA ist nicht besser als ein NEIN. Es geht darum, <u>Ihre</u> Wahrheit zu erfahren und zu erkennen.

Ja klar ist das wahr, ich habe es ja so erlebt

Wenn die Antwort JA lautet, dann stellen Sie sich die nächste Frage:

2) Können Sie mit absoluter Sicherheit wissen, dass das wahr ist?

Wir glauben so viele Gedanken ungefragt, dass wir nicht einmal auf die Idee kommen, eine Aussage dahingehend zu überprüfen, ob Sie wahr oder richtig ist.

Ist es also wahr, dass es immer und 100% so ist?

Immer und 100%? Also ohne jede Ausnahme wohl nicht, den Sonntag davor waren sie wohl bei Freunden und gar nicht daheim, und wenn die nicht im Garten sind, höre ich auch keine Musik. Und wenn die Männer zur Arbeit sind und die Frau allein im Garten, dann höre ich auch keine Musik.

Auch hier geht es wieder darum, ein JA oder NEIN zu erhalten.

Manche Wahrheiten fühlen sich erst einmal schrecklich unbequem an. Mir hat es in solchen Situationen geholfen, mir bewusst zu machen, dass ich jetzt nur für mich in meinem kleinen Zimmerchen bin. Vielleicht auch mit einem Freund, der mir die Fragen stellt oder einem Therapeuten. In jedem Fall befinde ich mich in einem sicheren Raum! Mein Freund wird mir das nie vorhalten oder sich lächerlich darüber machen, was ich als wahr empfinde oder ob ich mich geirrt habe. Ein

Therapeut noch weniger, der bekommt sein Geld, ansonsten sind wir uns meist ja fremd.

Also, nur für mich, nur für heute, für diesen Moment: kann ich 100% sicher sein, dass meine Aussage wahr ist?

Ein Zusatz zu Frage 2, den ich immer doof fand:

Wessen Sache ist es, wie derjenige reagiert?

Wessen Sache ist es, wie die Schwiegermutter redet?

Wessen Sache ist es, wie der Chef entscheidet?

Wir meinen immer, besser zu wissen, wie der andere jetzt reagieren soll oder was er besser machen soll. Das mag auch aus unserer Sicht so stimmen, aber eben nicht aus der Sicht desjenigen. Ich habe ja auch meine Begründungen, warum ich so handele und nicht anders. Das werden andere Menschen eventuell anders sehen und hätten es vielleicht auch manchmal gern anders. Heute verstehe ich die Frage gut und finde sie auch nicht mehr doof.

Ja, klar ist es deren Sache, wo die parken, aber rücksichtslos finde ich es trotzdem, ich habe immer vor dem Haus geparkt. Aber es ist ja nicht mein Parkplatz

3) Wie fühlen Sie sich, wenn Sie diesen Gedanken glauben?

Es geht hier wirklich um das FÜHLEN, nicht darüber nachdenken, wie ich mich fühlen würde.

Und es geht hier nicht darum, irgendetwas zu rechtfertigen oder zu bewerten.

Was macht dieser Gedanke mit Ihnen?

Wie fühlen Sie sich? Wie fühlen Sie sich, wenn Sie so über sich oder andere denken? Wie sieht Ihr Selbstwert in diesem Moment aus, wenn Sie das glauben? Wie behandeln Sie den anderen, wenn Sie das glauben?

Ok, den anderen behandele ich dann herablassend, ich weiß es ja besser, zumindest meine ich, dass ich es besser weiß. Es bringt auch meinen Puls hoch und bestimmt auch meinen Blutdruck, weil ich mich dann ziemlich aufrege, wenn ich das denke. Und eigentlich fühle ich mich selbst nicht wirklich besser, wenn ich so schimpfe.

4) Wer sind Sie, wenn Sie diesen Gedanken nicht mehr glauben würden?

Was würde sich ändern? Wie würden Sie sich fühlen?

Wichtig hier: Fühlen und spüren Sie den Unterschied, wie es ist, wenn Sie diesen Gedanken glauben oder wenn Sie ihn nicht glauben würden.

Wie sieht Ihr Selbstwert aus, wenn Sie diesen Gedanken nicht glauben würden?

Wie gehen Sie mit dem anderen Menschen um, wie reagieren Sie, wenn Sie diesen Gedanken nicht glauben würden?

Es würde sich ändern, dass ich mich nicht mehr aufregen würde. Ich würde mich auch nicht schlecht deswegen fühlen. Meinem Selbstwert geht es komischerweise echt besser. Da ist dann eher so eine Art Neutralität. Es ist ein deutlicher Unterschied, ob ich diesen Gedanken glaube oder nicht.

Und nun gibt es etwas sehr Unbequemes – die Umkehr.

Das ist im Grunde genommen Punkt 5.

Es gibt immer drei mögliche Umkehrungen. Manchmal treffen alle drei zu, manchmal zwei davon, aber eine ist immer passend. Auch da dürfen Sie ehrlich mit sich sein. Die Welt ist nur ein Spiegel unserer selbst und ich kann nur im anderen erkennen, was ich selbst in mir habe – andernfalls würde ich es beim anderen gar nicht wahrnehmen!

Drehen Sie den Satz um!

1) ins Gegenteil

2) auf den anderen bezogen

3) auf sich selbst bezogen

Was ist damit gemeint?

Zu 1) ins Gegenteil bringen:

Nehmen wir mal an, ich habe den Glaubenssatz: Meine Kollegen lästern ständig hinter meinem Rücken.

Die Umkehrung wäre: Meine Kollegen lästern nicht hinter meinem Rücken.

Könnte diese Aussage wahr sein?

Könnte diese Aussage genauso wahr sein wie die erste?

Gibt es womöglich Situationen, wo Sie erlebt haben, dass diese Kollegen freundlich zu Ihnen waren? Ihnen vielleicht ein gutes Feedback gegeben haben?

Lästern diese Kollegen wirklich immer und jedes Mal und nur über Sie?

Das Gegenteil, bezogen auf die Aussage mit den Ausländern: Die Ausländer sind nicht rücksichtslos und hören selten die Musik zu laut. Ok, die Frau hat mir neulich zugelächelt und die Woche davor wurde mir sogar ein Stück Kuchen angeboten, was ich natürlich nicht angenommen habe, wer weiß, was da drin ist...

Zu 2) auf den anderen bezogen – dann würde die Aussage lauten:

Ich lästere ständig über die Kollegen.

Was macht diese Aussage mit Ihnen?

Wenn jetzt der Verstand laut wird und protestiert, ist hier genau ein Punkt, den es sich lohnt, anzuschauen.

Ihr Verstand würde nicht aufbegehren, wenn das kein Thema bei Ihnen ist.

Bewerten Sie sich für nichts. Hier geht es nur darum, zu erkennen, was sich wirklich abspielt.

Könnte auch diese Umkehrung wahr oder sogar wahrer sein als die ursprüngliche Aussage?

Die Umkehrung bei dem Beispiel mit den Ausländern: Ich bin rücksichtslos gegenüber den Ausländern? Und ich höre meine Musik zu laut? Ich höre eigentlich nicht Musik. Und bin ich rücksichtslos, wenn ich auf meinen Parkplatz beharre? Ja, vielleicht könnte ich auch freundlicher oder rücksichtsvoller sein. Und die sind einmal die Woche rücksichtslos, ich denke bestimmt jeden Tag daran und rege mich auf, also in Summe bin ich dann wohl rücksichtsloser.

Zu 3) auf sich selbst bezogen – dann würde die Aussage lauten:

Ich lästere ständig über mich selbst.

Alles, was Sie über den anderen denken, denken Sie letztendlich nur über sich selbst!

Könnte auch diese Aussage wahr sein? Könnte diese Aussage sogar wahrer sein als Ihre ursprüngliche Aussage, Ihr erster Glaubenssatz?

Wie denken Sie über sich? Wie sehen Ihre Selbstgespräche aus? Wie freundlich sind Sie zu sich?

Bei dem Beispiel mit den Ausländern: Ich bin rücksichtslos mir selbst gegenüber? Autsch, das könnte stimmen, manchmal, in gewissen Situationen. Und ich könnte mal Musik hören? Vielleicht würde mir das gefallen oder gut tun? Vielleicht könnte ich das mal ausprobieren?

Wenn man bereit ist, sich zu öffnen, bringt diese dritte Umkehrung die meiste Selbsterkenntnis.

Zu dieser Arbeit finden Sie im Netz viele weiterführende Literatur, Videos und auch Seminare.

Grundsätzlich ist das Wichtigste hier zusammengefasst und wenn Sie bereit sind, offen zu sein und in die Tiefe zu schauen und ehrlich an sich zu arbeiten, wird diese kurze Anleitung auf jeden Fall genügen.

Dieses Buch habe ich gestartet mit der Intention, anderen Menschen zu helfen.

Ich wollte von meinem Weg berichten, Gewicht zu reduzieren. Ich habe aber auf dem Weg erkannt, dass ich etwas viel Wertvolleres geben kann:

Selbstakzeptanz.

Der Weg zur Akzeptanz

Akzeptanz ist etwas, womit sich Menschen schwer tun.

Wenn wir nicht akzeptieren, sind wir im Widerstand. Und dieser Widerstand ist so absurd, weil wir gegen etwas ankämpfen, was im Moment gerade sowieso da ist. Das sieht sogar mein Verstand bei nüchterner Betrachtung ein, dass das komisch ist.

Nehmen wir mal an, es regnet grade. Ich wollte aber Sonnenschein haben. Also werde ich auf GAR KEINEN FALL irgendetwas an dem Regen gut finden!!

Ich versuche, mit dem Kopf gegen die Wand zu rennen.

Ich lerne Beschwörungsformeln. (vielleicht für einen Sonnentanz) 😊

Ich lese Bücher und besuche Seminare.

Ich lehne alles ab, was mit Regen zu tun hat.

Ich rede mit anderen ständig über Regen – denn das ist unsere Natur, sich mit dem abzugeben, was wir loswerden möchten.

Alles, was ich mache, ändert aber nichts an dem Zustand! Es REGNET! Also wäre es doch eine mögliche Vorgehensweise, dass ich akzeptiere, was gerade ist. Unglaublich viel Kapazität und Ressourcen werden augenblicklich freigesetzt. Das könnte bedeuten, dass ich dem Regen nach wie vor nicht viel abgewinnen kann, da ich meine Energie aber nicht mehr damit verschwende, den Regen nicht haben zu wollen, kommen mir jetzt Lösungen in den Sinn. Ich könnte einfach fort fahren, dorthin, wo es nicht regnet. Ich könnte mir Regenkleidung besorgen. Ich könnte sogar erwägen, in ein Land umzuziehen, wo es prozentual deutlich weniger regnet. Ich könnte mir tolle Beschäftigungen überlegen, die man trotz Regen machen kann.

Das Freisetzen der Ressourcen kann aber auch ein Punkt sein, der einige Menschen in eine Art Vakuum stürzen lässt, weil Sie sich mit der Situation der plötzlichen Leere überfordert fühlen. Die Dauerbeschäftigung des Verstandes und impulsiven Denkens fällt plötzlich weg.

Ich habe mich mein ganzes Leben lang damit beschäftigt, mein Übergewicht „weg zu bekommen". Was habe ich nicht alles versucht. Meine erste Diät musste ich schon im Kindesalter über mich ergehen lassen. Ich fühlte mich so, wie ich war, nicht angenommen. Ich war ja scheinbar mit dem Gewicht, welches ich hatte, nicht richtig, sonst hätten die Erwachsenen ja nicht versucht, etwas daran zu verändern.

Also lernte ich, mich auch selbst nicht anzunehmen. Das, was andere ablehnen, kann ich ja nicht gut finden.

Ich habe über viele Jahrzehnte diesen Glaubenssatz aber nie überprüft.

Ich machte alle Diäten, die es auf dem Markt gab. Ich hielt sie sogar lange durch. Ich nahm 30 Kilo ab und 35 Kilo wieder zu.

Eine Freundin sagte mal vor vielen, vielen Jahren zu mir:

„Kerstin, wenn es nur an der Hartnäckigkeit und Ausdauer liegen würde, dass man Gewicht reduziert, dann wärst du schon lange schlank!!" Irgendwie konnte ein Teil von mir ihr zustimmen. Und trotzdem fand ich keinen anderen Weg. Ich besuchte sogar die Anonymen Esssüchtigen. Erste Hinweise bekam ich durch ein altes Buch: „Die Frau, die im Mondlicht aß" von Anita Johnston.

Dort las ich, dass ein emotionaler Hunger, ein seelischer Hunger oder ein geistiger Hunger nicht auf der Ebene der Materien – also materielles Essen, welches ich anfassen kann – gestillt werden kann.

Ich bekam zum ersten Mal eine Ahnung, dass es in diese Richtung weiter gehen könnte, wusste aber immer noch nicht, wie ich weiter vorgehen sollte.

Ich beschäftigte mich mit spirituellen Möglichkeiten und intuitivem Essen.

Merken Sie etwas? Immer war ich am TUN, am SUCHEN. Nie war es genug. Vielleicht hatte ich auch irgendwo schon die fehlenden Puzzleteile, nur war ich noch nicht in der Lage, alles was für meinen Weg nötig war, zu begreifen und das Bild zusammen zu fügen.

Mein letztes Puzzleteil fand ich in der Akzeptanz. Akzeptanz dessen, was ist. Und es geht sogar noch einen Schritt weiter. Lieben, was ist.

Und damit kam ich bei den Gefühlen an. Es gibt einen witzigen Spruch, den mir mal eine Freundin als Postkarte zugesandt hat:

„Gefühle sind was für gaaaaaaanz Mutige".

Und das stimmt.

Das war dann beim Schreibvorgang eine Überlegung, ob dieser Satz nicht auch als Buchtitel passend wäre.

Aber damit bin ich der eigentlichen Kernaussage dieses Buches: Es geht immer „nur" um Gefühle.

Gefühle

Alles andere sind Ablenkungen, die wir inszenieren, um bloß nicht zu fühlen.

Und hier rede ich nicht nur von der Esssucht. Hier sind alle Suchtverhalten betroffen. Ob nun Alkoholiker,

Esssucht, Computersucht, Internetsucht allgemein, Handysucht, Arbeitssucht, Kaufsucht, Fernsehsucht ... setzen Sie ein, was Ihnen noch einfällt. Sogar die Sucht, gebraucht zu werden zähle ich darunter, die Sucht, Recht haben zu wollen oder die Sucht, Probleme im Kopf lösen zu wollen. Da alle Süchte ein Ziel haben, kann man sie auch gut zusammenfassen.

Die Sucht ist da, um die Wucht der Gefühle abzufangen und abzumildern, sich damit abzulenken.

Sucht – da benutzen wir Ersatzmittel, um nicht mit unseren ungeweinten Tränen konfrontiert zu werden. Damit wir uns nicht an unsere begrabenen Träume erinnern. Damit wir nicht ständig diese nagende Sehnsucht spüren, dessen Erfüllung wir uns nie gestatten. Und damit wir nicht ständig mit den eingefrorenen Gefühlen leben müssen, bei denen allein die Erinnerung daran bereits so unglaublich schmerzvoll erscheint.

Mit der Befriedigung der Sucht erhoffen sich alle Süchtigen einen Zeitaufschub, um sich nicht unmittelbar mit den ihnen bedrohlich erscheinenden Gefühlen auseinander setzen zu müssen.

Ebenfalls wird durch die Befriedigung der Sucht oftmals ein chemischer Cocktail von Hormonen freigesetzt, der das Empfinden deutlich mildert. Ob nun die erhoffte Freude eintritt, wenn jemand zum Beispiel im Kaufrausch ist, spielt erst einmal keine Rolle. Der

Plan, das Losgehen, das Aussuchen ist schon Ablenkung genug.

Beim Alkoholiker wird das Empfinden vollkommen vernebelt, ebenso wie bei anderen Drogen. Ehe man wieder „nüchtern" wird, ist schon viel Zeit vergangen. Einige Probleme „sitzen sich aus" oder sind einfach nicht mehr so drängend. Falls sie wieder bedrohlich nahe kommen, schießt man sich eben wieder ab.

Mit der Arbeitssucht ist es ein wenig anders. Da steht die volle Ablenkung im Vordergrund. Wenn man auf der Arbeit ist, hat man zwangsläufig für viele Stunden andere Dinge im Kopf. Deshalb wird auch oft so lange gearbeitet, bis man nur noch fähig ist, kaputt ins Bett zu fallen, weil der Körper sich regenerieren muss. Oder man geht oft und gern auch zusätzlich zur Arbeit, weil man die innere Leere und Stille (die einem zum Nachdenken anregen würde) daheim, unabhängig vom äußeren Geschehen, nicht ertragen kann.

Fernsehsucht und Computersucht funktionieren da ähnlich. Wer hat sich noch nicht stundenlang beim Fernsehen oder im Internet verloren. Viele Stunden vergehen wie im Flug – weil man einfach nicht bewusst ist und sich nur berieseln lässt.

Als ich begann, mich mit der Thematik „Gefühle" zu beschäftigen, war meine erste Erkenntnis niederschmetternd.

Ich kam mir vor wie ein Seismograph. Jede kleinste, winzigste, kaum wahrnehmbare Gefühlsregung nahm ich scheinbar wahr und reagierte SOFORT mit Essen. Als ich mir die Auslöser genauer ansah, waren einige Dinge aus meiner heutigen Sicht sicher gerechtfertigt, aber ich erkannte auch das Muster dahinter.

Lieber gleich alles betäuben und ablenken, damit es bloß nie dazu kommt, dass ich mit diesen Gefühlen, die *möglicherweise* bedenklich nahe an mich herankommen würden, mich irgendwie auseinandersetzen muss!

Stellen Sie sich eine kleine Katze vor, die stellvertretend für meine Gefühle steht. Sie liegt in der Sonne, ist einfach da, bedroht mich nicht und beachtet mich nicht einmal. Ich kenne diese Katze aber. Früher habe ich mal mit ihr gekuschelt, hatte keine Angst vor ihr. Irgendwann hat sie mich aber mal gebissen und gekratzt. Das tat mir als kleines Mädchen höllisch weh und ich hatte Angst, dass sie mir noch mehr weh tun wollte, dass sie mich vielleicht sogar fressen wollte.

Also fing ich an, sie zu BEOBACHTEN.

STÄNDIG eigentlich. Ich hatte mir Mechanismen antrainiert, die es mir ermöglichten, Gefühle und Regungen SOFORT zu erkennen. Oftmals war ich in ihrer Nähe. Und wenn nicht, war ich zumindest immer irgendwie da, dass ich noch alles aus den Augenwinkeln wahrnehmen konnte. Sobald nun diese Katze auch nur mit dem Ohr wackelte und zuckte, nahm ich Steine zur

Hand und war bereit zur Verteidigung. Aber…. es zuckte nur das Ohr. Manchmal hob sie den Kopf und gähnte einfach. Oder sie stand auf und reckte sich. Oder sie wechselte einfach nur ihre Schlafposition. Wenn sie wirklich mal aufstand und umher schlenderte, hielt ich innerlich die Luft an.

Verstehen Sie meine Allegorie? Ich liebe es, mit Metaphern und Bildern zu spielen.

Die Katze, stellvertretend für meine Gefühle, habe ich als Kind als normal angesehen. Aber irgendwann reifte in dem kleinen Mädchen die Erkenntnis, dass Gefühle scheinbar gefährlich wären und dass es wichtig sei, sich davor zu schützen. Das Mädchen konnte nicht anders. Sie hatte ihre Gründe, sich vor Gefühlen zu fürchten.

Jeder Mensch versucht, Schmerzen zu vermeiden. Nur diese Entscheidung, die ich als kleines Mädchen aus guten Gründen getroffen hatte, habe ich nie überprüft. Diese Entscheidung war mir ja noch nicht einmal bewusst, wie sollte ich sie denn da neu beleuchten oder gar revidieren?!? Und dennoch beeinflusste diese Entscheidung mein ganzes weiteres Leben! Und ich kann heute meine unbewusste Entscheidung, mich in ein Suchtverhalten zu flüchten, gut erkennen und akzeptieren. Ich verstehe es sogar.

Eine objektive Betrachtung ist mir im Grunde genommen nie möglich, weil eine Betrachtung immer von meinen Filtern des Lebens gefärbt wird. Ich kann also mit subjektiver Betrachtung sagen, dass ich es ziemlich cool finde, wie mein Körper reagiert hat, was für Strategien und Maßnahmen er gefunden hat und welche Entscheidungen er getroffen hat.

Es hätte auch eine ganz andere Strategie sein können. Die der Alkoholsucht zum Beispiel. Nun will ich keine Strategie oder Sucht als besser oder schlechter darstellen! Nur weiß ich auch, was Alkohol bei einem Menschen und seinem Umfeld ausrichten und verändern kann. Zum Mörder hätte ich werden können oder in eine psychische Erkrankung fliehen können.

Ich bin meinem Körper echt dankbar für alles, was er geleistet hat.

Nun möchte ich Ihre Aufmerksamkeit noch auf ein paar kleine Details lenken.

Ich habe Sie ein kleines Stück mit in meine Geschichte genommen. Sie werden mir sicherlich recht geben, dass die Erfahrungen und Erkenntnisse als Resultat meines Erlebten mein ganzes, weiteres Leben beeinflusst haben. Ohne die Erfahrung, dass Gefühle über Maßen schmerzen können, hätte ich nie den Umkehrschluss daraus gezogen, dass Gefühle vermieden werden müssen. Und dann wäre mein Leben nicht nur womöglich, sondern mit ziemlicher Sicherheit anders verlaufen. Ihr Leben ist vielleicht ähnlich, aber niemals genau gleich verlaufen wie meines. Also würden

Sie mir zustimmen, dass es einen ziemlichen Einfluss auf ein Leben hat, was man über sich und andere denkt?

Und wie Sie ja nun auch wissen, sind Sie Ihrem Verstand, besser gesagt, Ihren Gedanken nicht hilflos ausgeliefert. Sie müssen nicht wahllos denken, was Ihnen durch den Kopf geht!

Ich finde diesen Gedanken sehr erleichternd, weil er mir bewusst macht, dass ich kein Opfer bin! Als Opfer fühle ich mich dann, wenn ich keine Möglichkeit zur Einflussnahme habe. Es zwingt Sie aber niemand, destruktive und negative Gedanken zu denken. Das, was Sie denken, wird sich in Ihrer Welt widerspiegeln! Wir haben also sehr wohl Einfluss auf das, was sich in unserer Realität zeigt.

Es gibt aber einige Stolperfallen, in die wir blindlings hineintappen, wenn wir uns deren nicht bewusst sind. Ein stark beeinflussender Aspekt unseres Lebens sind Gedanken aus dem Mangel.

Mangel-Gedanken

Immer wenn ich meine, dass mir etwas fehlt zum Glücklichsein, dann befinde ich mich im Mangel. Aber wieder nur aufgrund meiner Bewertungen und Beurteilungen!

Bereits vor Jahren habe ich in einem Buch gelesen, dass eine Bewertung von etwas in meinem Leben, was ich als Mangel empfinde, sich nicht unbedingt auflösen wird. Weil ich durch den Mangel meine Aufmerksamkeit auf das lege, was ich ja eigentlich nicht haben möchte – und in der Regel mache ich das ja ständig und immer wieder und wieder. Dieser Mangel durchzieht mein Leben. Das hat zur Folge, dass es unbewusste Annahmen gibt, die mich total sabotieren.

Ich meine, ich arbeite ständig an diesem Mangel, lasse ständig alles los und dennoch zeigt sich keine oder kaum Veränderung in meinem Leben. Wir sind geprägt von vielen „Sollten" in unserem Leben. Wir sollten heiraten, freundlich (oder freundlicher) zu den Menschen sein, eine Arbeit haben, lesen können, Kinder bekommen, Geld verdienen, ein Haus besitzen und ach was weiß ich nicht noch alles. Das kann dazu führen, wenn wir „ich sollte" in unserem Unterbewusstsein haben, dass wir nie zur Ruhe komme und uns nicht glücklich und zufrieden fühlen können, solange wir unsere Zielvorgaben nicht erreicht haben.

Mein Sohn und eine Freundin von mir haben dieses Manuskript Korrektur gelesen und Anmerkungen gemacht. Diese Anmerkung von meinem Sohn finde ich wichtig, sodass ich diesen Satz mit übernehme:

Zitat Sohn: „Also ich finde ja, dass das größte „sollten" ist, dass wir uns immer so fühlen als

„sollten" wir gerade irgendwas machen... einkaufen, Pflanzen gießen, arbeiten, meditieren, lesen, Sport treiben... was auch immer... alles Mögliche... aber es ist ständig da und nie haben wir die Ruhe davon. Klar müssen diese Sachen womöglich tatsächlich erledigt/getan werden. Aber nicht unbedingt in DIESEM Moment... in fünf Minuten würde auch reichen. Aber dennoch ist es ständig in unserem Kopf. Aber ich verstehe, dass die Sachen die die aufgezählt hast, wahrscheinlich für die meisten Menschen zutreffender sind, als für mich. :D"

Und wieder fehlt die Überprüfung, ob wir unseren eigenen Zielen nachjagen oder womöglich Zielen nachjagen, die andere uns aufgedrückt haben oder für unser Leben als richtig und wichtig erachten.

Wer ist denn genau dieser innere Antreiber, der uns nicht zur Ruhe kommen lässt?

Eine Freundin wollte sich selbstständig machen. Unbedingt. Und sie tat auch viel dafür. Sie ging herum und machte Werbung für sich. Ließ sich in Register eintragen und stellte Aufsteller vor dem Haus auf. Bis wir in einem Gespräch voller Ehrlichkeit darauf kamen, dass sie gar nicht wirklich erfolgreich selbstständig werden wollte! Und daran waren einige Annahmen verknüpft. Sie hatte Angst, mehr zu verdienen als ihr Mann und somit seinen Selbstwert zu untergraben. Sie hatte Angst, nicht mehr so viel Zeit für Kind und

Ehemann zu haben, wie sie es als erfolglose Selbstständige hatte. Und sie hatte Angst, ihren Mann in seiner chronischen Erkrankung nicht mehr so helfen und zur Seite stehen zu können, wie sie es als erfolglose Selbstständige tun konnte.

Aber wir schimpfen dann immer auf alles Mögliche, dass es ja nicht klappt, was wir uns so sehr vornehmen – dass wir gar nicht merken, wo wir unehrlich zu uns selbst sind und wie wir uns selbst sabotieren!

Ein weiterer Stolperstein bei unseren Mangel Gedanken ... kann die Leere sein. Was wäre ich denn, wenn ich plötzlich nicht mehr dick bin? Wer wäre ich? Was bleibt noch von mir übrig? Jahrzehnte lang habe ich mich, meinen Körper, meine Gedanken und mein Sein auf Dicksein und Dünnwerden wollen ausgerichtet. Als ich diese Fragen zum erste Mal zuließ, überkam mich eine riesengroße Angst! Was mache ich denn dann plötzlich mit all meiner Zeit und Energie? Ich hatte das Gefühl, dass einfach nur ein riesengroßes, schwarzes Loch „dahinter" wartete. Was auch immer mein Verstand mit „dahinter" meinte. Ich ahnte eine Leere, so eine Art Vakuum. Irgendwie schien alles, woran ich mich in meinem Leben geklammert habe, damit zu verschwinden.

Mein Verstand schien einen Teil davon zu begreifen. Allerdings beschäftige ich mich wieder im „Außen" und war erst ca. ein Jahr später wieder an dieser Stelle in meinem Leben und diesmal bereit, einen Schritt weiter zu gehen. Aber in diesem Jahr habe ich weitere Informationen gesammelt, die mir ein Jahr zuvor scheinbar noch gefehlt hatten. Ich begriff, dass das, was ich so sehr fürchtete, der „SPACE" war – so eine Art Leere, ein leerer Raum in mir, in meinem Bewusstsein. Ich finde kein deutsches Wort, was es annähernd so gut beschreibt wie das englische Wort „Space".

Wenn da nichts mehr ist, womit ich mich beschäftige, wohin meine ganze Energie geht. Wenn ich mich nicht mehr im Außen ablenke, damit ich nicht nach innen schauen muss. Wenn alles da sein darf, wie es ist. Dann ist da der Ort, wo ich wirklich bin, wo ich SEIN kann, was ich will. Diese Angst vor der Leere lag einfach darin begründet, dass ich mir noch niemals in meinem Leben zugestanden habe, mir überhaupt nur zu überlegen: WAS will ich eigentlich WIRKLICH??? Und ich erkannte weiter, dass ich hier die Antwort auf Fragen bekommen habe, die ich mir Jahre zuvor gestellt habe.

Was will ich wirklich in meinem Leben?

Darf ich Sie einladen zu diesen Fragen? Möglicherweise werden Sie auch nicht sofort Antworten bekommen. Das macht nichts. Wenn Sie ernsthaft, offen, ehrlich und interessiert Fragen stellen und wirklich eine Sehnsucht nach der Antwort haben – dann wird sich diese Antwort einstellen. Früher oder später. Wenn Sie nicht täglich ungeduldig mit dem Fuß wippen und mit den Fingern ungeduldig auf der Tischplatte klopfen. 😊

Ungeduld ist meist ein schlechter Berater und kein guter Freund. Sie haben ja einen guten Teil Ihrer Lebensjahre schon erlebt. Und niemand kennt den Zeitpunkt seines Todes.

Leben Sie wirklich das Leben, welches Sie möchten? Wenn es keinerlei Verpflichtungen oder geldliche Einschränkungen geben würde – was würden Sie gerne machen? Wofür brennt Ihr Herz?

Ich sage hier nicht, gehen Sie morgen los und machen Sie! Aber gibt es einen besseren Zeitpunkt als „Jetzt"?

Ich lade Sie ein, nach längst vergessenen Kindheitsträumen zu suchen, sich zu gestatten, anzuschauen, was Sie als Kind, Jugendlicher oder junger Erwachsener geträumt haben. Und wovon träumen Sie heute? Erlauben Sie sich, wieder zu träumen!

WAS machen Sie richtig gerne?

WAS fällt Ihnen total leicht?

Wie möchten Sie die nächsten Jahre Ihres Lebens verbringen?

Mit wem möchten Sie Ihre kostbare Zeit teilen?

Welche Prioritäten in Ihrem Leben würden Sie gerne setzen?

Welche anderen Wahlen könnten Sie treffen?

Was bringt Ihre Seele zum Schwingen?

Ich kenne all diese Antworten, die jetzt vom Verstand kommen.

Wozu träumen, ich muss ja schließlich trotzdem irgendwie Geld verdienen.

Jetzt bin ich zu alt.

Es ist zu spät.

Ich kann ja xxx nicht einfach zurücklassen.

Ich muss für meine Eltern sorgen und mich um sie kümmern.

Mein Mann wäre ohne mich verloren.

…

Das sind alles Antworten, die ich schon zu hören bekommen habe. Oft meinen wir, andere erwarten etwas von uns, wobei wir ja wieder beim „Sollten" wären.

Wenn Sie meinen, etwas zu „sollen" – dann sind das immer Erwartungen, von denen Sie meinen, dass andere diese an Sie haben. Wenn Sie meinen, dass es Erwartungen sind, die Sie an sich selber haben, sind das sehr wahrscheinlich Glaubenssätze, die Sie nie hinterfragt und geprüft haben. Und diese Erwartungen hängen ursächlich mit den Bewertungen der anderen zusammen, die wir um jeden Preis zu vermeiden suchen!

Wir sind nicht bereit, als egoistisch zu gelten oder als herzlos, unzuverlässig oder faul, als unsauber oder ausgeflippt, als komisch oder verrückt. Wir vermeiden diese möglichen Bewertungen – die wir ja im Vorfeld nur fürchten, von denen wir nicht einmal sicher sein können, dass sie auch kommen – auf Kosten unseres wirklichen Lebens! Wir meinen zu wissen, was der andere denkt und wie er über uns richtet und uns bewertet. Dabei sind mindestens 80 Prozent der Gedanken, von denen Sie meinen, dass der andere sie denkt, gar nicht Gedanken der anderen Menschen – das sind Gedanken, die SIE in solchen Situationen hätten!

Grenzen setzen wir uns nur selbst! Durch unsere eigenen Ansichten, Schlussfolgerungen und Glaubenssätze.

Wenn Sie 60 sind und Ihr Kindheitstraum war es, Kirchenmusiker zu werden und Sie meinen, Sie sind zu alt – dann ist das so. Wenn Sie meinen, warum nicht, das wird schon klappen – dann ist das auch so! Egal, was Sie glauben - Sie haben immer Recht! Wenn Sie etwas wirklich wollen, weil SIE es wollen, weil es Ihnen wirklich wichtig ist, dann werden sich auch Türen öffnen, dann werden sich Wege zeigen. Vielleicht nicht immer die Wege, die wir eigentlich im Sinn hatten. Wenn wir uns öffnen, zeigen sich meist viel spannendere Wege, die nicht durch unseren engen Geist eingegrenzt sind. Wenn Sie keine Ansichten und Schlussfolgerungen darüber haben, wie sich etwas zeigen soll, ist viel mehr möglich, als Sie sich bisher vorstellen konnten – im wahrsten Sinne der Worte

Ein weiterer Punkt bei den „Mangel-Gedanken" ist wieder der Vergleich. Ich komme ganz automatisch in einen Mangel, wenn ich mich vergleiche.

Ich habe mal an einem Seminar teilgenommen, dort mussten alle Teilnehmer auf eine Karteikarte die drei schönsten Dinge ihres Lebens notieren. Auf der Rückseite die drei schlimmsten Dinge ihres Lebens. Diese Karten wurden wahllos mit der positiven Seite nach oben im Raum verteilt, sodass sie den Personen nicht mehr zugeordnet werden konnten, die sie geschrieben hatten. Dann sollten sich alle im Raum verteilen und die Karten lesen und sich dann eine Karte aussuchen, mit der Sie gerne tauschen würden. Ich stand bei einer Karte, auf der stand:

„Ich habe zwei Häuser als mein Eigentum, wobei das zweite das „Haus am See" ist.

Ich habe eine große Erbschaft im sechsstelligen Bereich gemacht.

Ich habe einen Mann und zwei wunderbare Kinder, die ich sehr liebe."

Das erschien mir wie das perfekte Leben! Ich dachte an mein kleines Leben und die Dinge, die ich notiert hatte. Dann sollten wir diese Karte umdrehen und uns die drei schlimmen Dinge durchlesen.

Auf der Karte, die ich gewählt hatte, stand:

„Ich habe Brustkrebs und eine Brust wurde amputiert.

Mein Mann hat mich betrogen.

Meine Schwester will seit Jahren keinen Kontakt zu mir, worunter ich sehr leide."

Und dann wurde die Frage gestellt, ob wir immer noch gerne mit der anderen Person unser Leben tauschen würden.

Nichts ist so, wie es scheint – das habe ich gelernt. Wenn ich mal im Mangel bin und mein Verstand mir einreden will, alle anderen seien dünner, schöner, talentierter, sanfter, freundlicher, sexier, intelligenter, beliebter, liebens-werter, sympathischer, wohlhabender oder begabter – oder welche Steigerungen dem Verstand auch gerade kommen – dann sage ich mir: „Ok, mag ja sein." Und frage mich stattdessen, wofür ICH gerade in diesem Augenblick dankbar sein kann?!

Auch hier wieder: Ich habe nur eine Aufmerksamkeit und ich entscheide in jedem Moment meines Lebens, worauf ich meine Aufmerksamkeit lenke. Dieses kleine Karteikartenspiel von dem Seminar war sehr einprägsam für mich. Ich habe begriffen: Wenn ich aus dem Mangel lebe, weil ich im Vergleich bin, dann weil mein Geist sich nur auf die eine Seite einer Sache konzentriert. Mein Verstand hält es nicht für nötig, nach mehr Informationen zu schauen und vergleicht und bewertet. Niemand zwingt mich, nur die „Vorderseite der Karteikarte" anzuschauen. Ich war nicht bereit, auch die Rückseite anzuschauen und machte mir dadurch selbst schlechte Gefühle!

Wenn ich ein „Mangel-Gedanken" habe, fühle ich mich unglücklich. Weil ich meine, ich kann nur glücklich sein, wenn ich xxx habe oder bin. Geld, Partner und Gesundheit sind die höchsten und am häufigsten genannten Wünsche, die Menschen haben. Wenn ich aber meine, ich kann erst glücklich sein, wenn ich dünn bin – dann hätte ich mich schon 50 Jahre lang um mein Glück betrogen. Wäre es sehr unverschämt, wenn ich mir erlaube, glücklich zu sein, auch WENN ich noch dick bin? Wenn ich mir das nicht erlaube, bin ich im Widerstand. Und Widerstand macht Stress, und Stress ist die häufigste Ursache für Krankheiten. Die sehr spannende Frage lautet jetzt: Bin ich bereit, meinen Widerstand gegen den Mangel aufzugeben und loszulassen?

Einen wichtigen Aspekt möchte ich dabei noch einbringen. Wenn ich den Widerstand auflöse oder aufgebe, bedeutet das NICHT, dass ich die Situation nun gut finden muss, wie sie ist oder ich nichts mehr dagegen mache. Aber die Energie ist eine vollkommen andere. Wenn ich dünn werden möchte, mich aber so ablehne, wie ich bin und mir nichts sehnlicher wünsche, als die überschüssigen Kilos endlich loswerden zu wollen, liegt meine Aufmerksamkeit ständig auf dem „ich will etwas loswerden". Erinnern Sie sich? Dort, wo meine Aufmerksamkeit liegt, spende ich Leben. Es geht nun nicht darum, das Problem zu ignorieren oder zu verdrängen. Aber ich könnte in diesem Fall meine Aufmerksamkeit dorthin lenken, wohin ich will. Ich möchte sportlicher sein, oder gesünder leben. Obwohl es da eben genau den Unterschied macht, ob ich nicht insgeheim doch aus einem Mangel reagiere. Dann ist mein Motiv nämlich nicht, dass ich gesünder leben will, sondern eigentlich geht es mir immer noch um die Kilos, die scheinbar zu viel sind. Ich verpacke das nur anders.

Es ist egal, ob Sie Geldmangel haben oder einen Partner wünschen oder einen ganz anderen Wunsch haben. Solange Sie glauben, dass Sie sich nur dann gut fühlen können, wenn Sie diesen Mangel behoben haben, dass Sie nur dann geachtet oder gut angesehen sind, oder gar meinen, dass alle unschönen Gefühle fort sind, wenn Sie xxx nun endlich haben – genauso lange werden Sie im Mangel bleiben und sich mehr von dem in Ihr Leben holen, was Sie grade nicht haben möchten. Weil Ihre Aufmerksamkeit darauf liegt! Der „Mangel-Gedanke" ist ein versteckter Glaubenssatz. Da muss man manchmal drüber sinnieren, bis man darauf kommt, was der eigentliche Gedanke hinter dem Mangel ist.

Was meinen Sie, wie attraktiv Sie auf das andere Geschlecht wirken, wenn Sie ein Date aus einem Gefühl des Mangels heraus haben? Es gibt eine verbale Kommunikation, wo wir einfach mit Worten, Schwingungen und Betonungen arbeiten. Und es gibt eine non-verbale Kommunikation, die vollkommen ohne Worte auskommt.

Es gibt Studien, bei denen Vergewaltigern Bild- und Filmmaterial von verschiedensten Frauen mit unterschiedlicher Herkunft und Geschichten vorgelegt wurden. Der zur Vergewaltigung neigende Mann suchte nur anhand der Fotos und Filme Frauen als potentielle Opfer aus. Es waren Frauen mit schwachem Selbstwertgefühl. Frauen, die sich als Opfer fühlten. Frauen, die sich machtlos fühlten und Frauen, die sich nie wehren. Das kann man alles ohne Worte erkennen!

Eine andere Studie lief mit Frauen aus Frauenhäusern – die also schon Erfahrung mit gewalttätigen Männern hatten. Diese freiwilligen Frauen wurden unter Beobachtung in Kneipen oder anderen Lokalitäten ausgesetzt, wo sie mit niemanden reden sollten. Sie sollten einfach schauen, welche Männer für Sie interessant wären, welchen Sie angesprochen hätten und mit welchen Sie gern mehr Kontakt haben würden.

Mit nahezu hundertprozentiger Sicherheit suchten diese Frauen sich wieder Männer aus, die gewaltbereit waren und zu Brutalität neigten. Das macht deutlich, dass wir auch ohne Worte ganz viel über uns aussagen, nur geschieht das meistens nicht bewusst. Solche Frauen suchen sich übrigens wieder unbewusst gewalttätige Männer aus, weil diese etwas an sich haben, was ihnen bekannt vorkommt. Nichts macht den Menschen so sehr Angst wie das Neue und Unbekannte.

Wenn wir bereit sind, den Mangel loszulassen, dann stimmen wir der Situation zu, dass sie so ist, wie sie ist. Mehr nicht.

Damit sage ich nicht aus, dass ich das, was ist, toll finde und vollkommen zufrieden damit bin. Darum geht es dabei auch gar nicht! Es geht darum, den Mangel nicht wie eine unsichtbare Fackel vor mir herzutragen.

Verstecken bringt nichts. Wir nehmen von anderen viel mehr wahr als nur Worte und Gesten. Wenn ich aber loslassen kann, dann komme ich zu der Energie, dass ich mir einen Partner wünsche, der aber nicht lebensnotwendig für mich ist und schon gar nicht für mein Glück zuständig. Wenn ich mich dann auf ein Date einlasse, dann bin ich frei von Erwartungen oder Hoffnungen und kann dem anderen ganz anders begegnen. Dann kann ich mir immer noch einen Partner wünschen, aber ich BRAUCHE ihn nicht für mein

Leben, um mich durch ihn endlich glücklicher oder ganz zu fühlen!

Ein Gegenüber spürt, wie sehr er „gebraucht" wird und das löst unbewusst eine Erwartungshaltung auf der einen Seite und Druck auf der anderen Seite aus.

Nicht anders verhält es sich mit anderen Mangel-Gedanken.

Ich muss nicht erst dünn werden, um glücklich sein zu können. Und ich muss auch nicht erst dünn werden, um Chancen auf einen Partner zu haben. Wenn ich meine, „als Dünne hat man bessere Chancen"… oder alles, was mein Verstand mir grade vorgaukelt, das wäre dann ein gefundener Glaubenssatz!

Egal, was Sie glauben, Sie werden immer Recht haben.

Und Sie können entscheiden, was Sie glauben wollen.

Teil 6: Worum geht es wirklich?

Glücklich sein

Genau, wie ich behaupte, dass glücklich sein auch eine Wahl ist.

Ich betone an dieser Stelle noch einmal, dass ich Sie bitte, alles was ich schreibe, selbst und eigenständig zu überprüfen. Ebenso wenig sind meine Aussagen als allgemeingültig zu werten.

Wenn Sie mir bis hierher gefolgt sind, verstehen Sie, wie ich zu dieser Aussage komme.

Wenn ein kleines Kind hinfällt, und Sie sind in einer beobachtenden Rolle und nicht in der „ich muss sofort hinrennen und trösten" Rolle, dann können Sie erkennen, dass ein Kind nicht sofort anfängt zu brüllen und zu weinen. Es besinnt sich manchmal erst, und noch ehe es für sich klar ist, welche Reaktion passend wäre, kommen die Reaktionen der Eltern oder der Umstehenden und daraufhin fängt das Kind an zu weinen. Wenn das Kind schon konditioniert ist, erfolgt diese Reaktion – weinen und jemand kommt und tröstet mich – schon ohne Reflektionspause.

Ich habe es genauso schon erlebt, dass ein Kind hinfiel und wenn keine Reaktion von den Erwachsenen kam, dann wird sich kurz über das schmerzende Knie gewischt und weiter gemacht mit dem Spiel.

Genauso habe ich das schon bei der Trauer beobachtet. Jemand verstirbt – und in den ersten Augenblicken ist erst mal gar nichts. Die Reaktion der anderen lassen mich realisieren, dass ich ja eine bestimmte Haltung einnehmen muss.

Und dann kommt der Verstand dazu, der mir ja auch einredet, dass ich traurig sein muss, dass es so schlimm ist, dass ich nun alleine bin.

Bei der Trauer geht es meistens um ein selbstsüchtiges Gefühl:

Ich fühle mich allein.

Ich fühle mich alleingelassen.

Ich fühle mich zurückgelassen.

Und ich kann und will nicht akzeptieren, was geschehen ist.

Wir haben auch das unausgesprochene Gefühl, wenn wir viel trauern, wenn wir zeigen, dass es uns richtig schlecht geht – dass wir damit auch anderen zeigen, wie sehr wir geliebt haben.

Stellen Sie sich mal vor, jemand stirbt und der Partner steht am Grab, Tränen laufen zwar, aber der Zurückgelassene kann sich auch über die gemeinsam erlebte Zeit freuen und lachen. Würde da nicht jeder

Anwesende sofort über mangelnde Liebe, fehlende Empathie und falsches Benehmen urteilen?

Verstehen Sie mich bitte nicht falsch, weder sage ich, dass Trauer nicht nötig ist, noch, dass Trauer nicht sein sollte oder falsch ist. Ich möchte lediglich deutlich machen, dass wir sehr von Kultur und Verhaltensweisen geprägt sind und darauf nicht nur Handlungen, sondern auch manche Gedanken und Emotionen folgen.

Glücklich sein ist eine Wahl.

Sie können sich entscheiden, glücklich zu sein und das als höchste Priorität in Ihrem Leben erklären.

Schon Marc Aurel sagte: „Das Glück im Leben hängt von den guten Gedanken ab, die man hat"

Wir vergessen oft in unserem hektischen Arbeitsalltag das Glücklichsein. Auch hier finde ich unsere Sprache sehr gut gewählt. Wir brauchen nur glücklich SEIN. Wir müssen dazu nichts machen, nichts erreichen. Wir müssen nur wählen, uns durch den ganzen Alltagsstress hindurch Zeit zu nehmen für das Glücklichsein!

Glücklich sein – was bedeutet das eigentlich konkret?

Zumindest scheint es nichts zu sein, was von außen erfüllt werden kann. Wir meinen zwar immer, dass das neue Auto glücklich machen wird, oder das Haus, der Partner, der mich auf Händen trägt, oder ein dickeres

Bankkonto – oder überhaupt schulden-frei zu sein. Wir malen uns das so schön aus, aber dieses Glück ist meist nur von kurzer Dauer. Es geht ja um Gefühle, die wir haben möchten.

Ein neues Auto, ein Haus, eine Gehaltserhöhung lösen eben nur kurzfristig schöne Gefühle in uns aus. Nach vier Wochen denken wir schon gar nicht mehr an eine Gehaltserhöhung. Ein Auto mag noch etwas länger schöne Gefühle auslösen. Aber das ist es, was uns antreibt. Wir wollen dieses Gefühl öfter haben, häufiger, am liebsten permanent.

So treiben wir uns an, das Gesuchte durch immer neue Aktionen an immer verrückteren Stellen zu finden und zu erlangen. Wie schnell sind wir im Gespräch mit anderen dabei, uns aufzuregen. Wie schnell sind wir dabei, zu debattieren. Nichts davon macht uns glücklich.

Wie möchten Sie Ihren Tag verbringen?

Was könnten kleine Schritte sein, damit Sie sich glücklicher fühlen können?

Erkennen Sie, was Sie wirklich wollen. Und erklären Sie das zur Priorität in Ihrem Leben. Nehmen Sie sich und Ihre Prioritäten wichtig.

Menschen kommen immer mit Anliegen auf Sie zu und das gehört zum gemeinsamen Miteinander, auch für andere da zu sein. Auch das kann schöne Gefühle auslösen und glücklich machen. Aber nicht, wenn ich dabei über meine eigenen Bedürfnisse hinweg gehe und die der anderen Menschen als höher und wichtiger einstufe als meine eigenen.

Reinen Altruismus gibt es meiner Überzeugung nach nicht. Jeder macht etwas aus einem Grund – und sei es nur, um sich gut oder besser zu fühlen. Meine Taten müssen nicht von anderen gesehen oder beachtet werden, aber ich fühle mich dabei gut - das ist mein Antrieb.

Wenn Sie im Gespräch mit anderen sind, reden Sie doch mal weniger. Warten Sie erst einmal einen Atemzug ab, bevor Sie antworten. Sie werden feststellen, dass das manchmal sehr erleichternd wirken kann. Nicht jeder Austausch ist sinnvoll, und nur plappern um des Plapperns willen mag ich persönlich nicht mehr, dazu ist mir auch meine Zeit zu schade. Achten Sie auf Ihre Gefühle während eines Gespräches. Wenn Sie wirklich bereit dazu sind, werden Sie gut erkennen können, ob dieses Gespräch ein Beitrag für Ihr Leben ist oder ob Sie sich von Ihrem Ideal entfernen.

Eine Freundin sah sich letztens mit dem plötzlichen Tod ihres Bruders konfrontiert. Morgens sah sie ihn noch, abends bekam sie die Nachricht von seinem Tod. Sie sagte, dass das, was sie getroffen hat, das Unvorhergesehene war. Dass sie nicht wusste, als sie ihn sah, dass es das letzte Mal sein würde.

Wie oft schieben wir Dinge vor uns her. Das machen wir später, oder irgendwann, wenn wir in Rente sind. Wie oft verpassen wir Gelegenheiten für ein klärendes Gespräch oder für eine Entschuldigung, wie oft versäumen wir eine Klarstellung.

Schieben Sie nicht auf, was Ihnen wichtig ist. Sie wissen nie, ob Sie beim nächsten Mal noch eine Gelegenheit bekommen oder ob es überhaupt ein nächstes Mal gibt.

Arbeite, als würdest du das Geld nicht brauchen.

Liebe, als hätte dich nie jemand verletzt.

Tanze, als würde niemand zusehen.

Singe, als würde niemand zuhören.

Lebe, als wäre der Himmel auf Erden.

(Mark Twain)

Es gibt immer mehrere Möglichkeiten, auf etwas zu reagieren. Wir reden uns nur allzu gern ein, dass wir keine andere Möglichkeit haben. Wenn ich mich aber öffne, also bewusster werde, Fragen stelle und meine festen Standpunkte und Ansichten erkenne und bereit bin, diese loszulassen, dann sehe ich plötzlich, dass es sehr wohl andere Möglichkeiten gibt. Ich bin nur nicht bereit, den „Preis" für die andere Lösung zu zahlen.

Nehmen wir mal ein extremes Beispiel:

Jemand ist sehr unzufrieden mit seinem Job. Und er fühlt sich absolut hilflos, weil er meint, dass er in diesem Job verbleiben muss, um Geld zu verdienen. Er sieht woanders keine Chance, weil er womöglich schon über 50 ist. Über Bewerbungen, Zusatzjobs oder eine Selbstständigkeit gibt es schon mal mehrere Möglichkeiten. Er könnte auch einfach kündigen und Hartz IV beantragen. Das möchte derjenige aber auf keinen Fall. Da er die ersten drei Möglichkeiten schon aufgrund seiner Ansichten und Schlussfolgerungen ausgeschlossen hat und dementsprechend gar nicht weiter verfolgt, redet er sich ein, dass es keinen Ausweg aus seiner Misere gibt, weil Hartz IV für ihn auch nicht in Frage kommt. Ich bin nicht bereit, weniger zu arbeiten oder gar nicht zu arbeiten mit der Option Hartz IV – aber trotzdem bleibt es eine Option. Dann kann ich mir bewusst machen, dass ich hier grade ganz bewusst eine Wahl treffe. Wenn ich mich entscheide und Wahlen treffe, bin ich nicht hilflos und Opfer.

Sehr oft gibt es einen anderen, meist auch besseren Weg – wir müssen nur bereit sein, auch mal andere Optionen zuzulassen und das auch zu erkennen.

Glücklich sein ist der Schlüssel zum Erfolg. Auch zu dem Erfolg, wenn man sich aus einer Sucht befreien möchte.

Ich möchte das Buch aber nicht ohne eine gute Lösung beenden.

Wenn ich früher Bücher gelesen habe, in denen tolle oder gewagte Thesen aufgestellt wurden, aber keine Lösung, wie ich das Vorgeschlagene denn erreichen kann, fand ich das sehr unvollständig. Ich kann mich an ein Buch erinnern, das mich damals so zurück gelassen hat. „Liebe dich selbst, und es ist egal, wen du heiratest". Den Kontext dieses Buches fand ich sehr gut und stimmig und konnte dem auch gut folgen. Wie ich das allerdings anstellen sollte, mich selbst zu lieben, damit lies mich die Autorin damals vollkommen allein. (Ich muss mal nachlesen, ob das nur in meiner Erinnerung so ist oder ob es wirklich keine Lösung gibt, damals habe ich es so empfunden)

Und die Autorin hat Recht.

Die Lösung von allem ... ist die Liebe.

Die Liebe

Die Liebe ist ein sehr missverstandener Begriff. Wenn sich zwei Menschen begegnen und sagen: „Ich liebe dich" – dann ist es schwierig, zu verstehen, was der andere damit WIRKLICH meint. Jeder Mensch hat eine eigene Definition. Viele Definitionen mögen ähnlich sein. Aber wenn ich zu meinem Partner sage: „Ich liebe dich" – dann meine ich damit, was ICH darunter verstehe. Mein Partner versteht darunter womöglich etwas ganz anderes. Wenn wir nie unsere Definitionen abgleichen, kann es früher oder später zu Missverständnissen kommen. Weil viele Menschen Bedingungen an die Liebe knüpfen. Jetzt werden viele aufbegehren und behaupten: „Nein, ich liebe bedingungslos!"

Wirklich, Sie lieben ohne Bedingungen?

Wie sieht es denn aus mit Ihren Erwartungen?

Welche Erwartungen habe Sie an Ihren Partner? Oder auch an Ihre Kinder? Ich gehe mal davon aus, dass Sie Ihre Kinder auch lieben. Wenn Ihr Partner am Weihnachtsfeiertag morgens sagt: „Schatz, ich brauch grad mal ein paar Tage für mich, ich verschwinde" – könnten Sie damit leben?

Wenn Ihr Sohn Drogen nimmt oder kriminell ist – wie sieht es dann aus mit der Liebe?

Ihr Kind ist stinkend faul, hat in der Schule nichts getan, hat keine Ausbildung und wohnt mit 30 immer noch bei Ihnen. Es hilft mit keinem Handschlag im Haushalt mit und erwartet nur von Ihnen – wie sehr lieben Sie Ihr Kind da noch?

Ihr Partner lässt ständig den Klodeckel oben, quetscht die Zahnpastatube unmöglich aus, macht Ihnen nie Komplimente, rülpst am Esstisch, pflegt sich nicht und vergisst Ihren Geburtstag – wie sehr lieben Sie da Ihren Partner?

Tatsache ist: Es geht niemals um den anderen, es geht immer nur um Sie selbst.

Wann haben Sie sich denn das letzte Mal gelobt und sich ein Kompliment gemacht?

Wann haben Sie sich das letzte Mal die Freiheit genommen, wenn Ihnen danach war, am Weihnachtsmorgen einfach zu verschwinden?

Wir erwarten von anderen oft das, was wir uns selbst nicht geben. Deshalb ist unsere Liebe auch selten ohne Bedingungen. Überall, wo Sie sagen würden: So benimmt man sich aber nicht in einer Partnerschaft, so behandelt man keinen Menschen, den man liebt – stimme ich zu. Allerdings möchte ich zu bedenken geben, dass zwar der andere etwas tut, Sie es aber in erster Linie zulassen. Zu einem Verhalten gehören immer zwei: Einer, der etwas macht und einer, der etwas mit sich machen lässt. Deshalb die Frage, ob der Vorwurf an den Partner gerechtfertigt ist. Das, was Sie dem Partner vorwerfen, machen Sie im Grunde genommen ja auch mit sich selbst. Es ist nur einfacher, im Außen zu schauen, dem anderen die Schuld für die entstandenen Gefühle zu geben, um dann von dem anderen zu erwarten, dass er sich bitte ändern soll – damit wir uns besser fühlen.

Ich habe vor etlichen Jahren schon gelernt: MEINE Gefühle = MEINE Baustelle. Was hat der andere denn mit meinen Gefühlen zu tun? Nichts – er war lediglich

Auslöser! Vielleicht Auslöser für etwas aus der Vergangenheit oder für eine Bewertung, Schlussfolgerung oder Ansicht aus meinem Denken. Und aus meinen Bewertungen resultieren Gefühle und Emotionen. Ich weiß, dass da jetzt erst einmal ganz viel Widerstand aufkommen kann. Das ist eine sehr unangenehme und unbequeme Aussage.

Wir neigen dazu, einem „toten Pferd" noch einen neuen Sattel aufzusetzen, um dann zu hoffen, dass es doch weiter galoppiert. Es ist eine aberwitzige, ewige Hoffnung, dass es „doch noch irgendwie gut wird". Wenn wir den Mut hätten, uns ehrlich zu fragen und alle Antworten die kommen, auch ehrlich anzunehmen, dann wüssten wir, dass „das Pferd schon längst tot ist".

Ich will mich hier wirklich nicht gegen Hoffnung aussprechen. Wenn Sie mein Umfeld fragen, bin ich so ein Mensch, der heute noch einen Apfelbaum pflanzen würde, auch wenn vorhergesagt wird, dass die Welt morgen untergeht! Hoffnung ist mein Beruf, Hoffnung ist meine Aufgabe. Ich schenke gerne Hoffnung. Ich glaube auch an Wunder! Aber es gibt zwei Arten von Hoffnung in meinen Augen.

Die Art der Hoffnung, die nicht wahrhaben will, was ist. Die Art von Hoffnung, die einfach nicht „das Alte" aufgeben will, obwohl es längst an der Zeit ist, neue Schritte zu wagen. Wir haben Angst vor Veränderung und bleiben deshalb so lange in unguten

Situationen, weil uns diese wenigstens vertraut sind. In uns wird immer abgewogen, und die Angst vor etwas Neuem ist größer als das Leid, in dieser Situation zu verbleiben. Wäre es anders, würden wir ja längst andere Schritte gegangen sein.

Aber manchmal fehlen uns einfach noch Informationen oder Zuversicht, dass es gut wird, auch wenn ich damit ein Stück weit die vermeintliche Kontrolle aufgebe.

Die Hoffnung, mit der ich arbeite und die ich weitergebe, ist die Hoffnung auf Neues.

Die Hoffnung, dass es gut wird.

Die Hoffnung, dass sich der Verstand sich nur so wild verhält, weil er keine Erfahrung mit „neuen Pferden" hat.

Die Hoffnung, die mit der Liebe Hand in Hand geht.

Die Hoffnung, die keimt, wenn ich mir selbst mehr und mehr vertraue. Vertraue, dass ich aus allen Lagen eine Lösung finde, weil ich mich von festgefahrenen Ansichten lösen kann. Indem ich mehr Vertrauen zu mir entwickele, brauche ich immer weniger Kontrolle. Mit diesem Vertrauen und in achtsamer Liebe zu mir selbst kann ich dann erkennen, dass ich richtig bin, so wie ich bin.

Selbstliebe

Wie Sie sich lieben? Diese Antwort bin ich Ihnen noch schuldig.

Wenn Sie beginnen, wird es ein Prozess sein, keine Sache, die man einmal macht oder einmal entscheidet. Es kommt darauf an, wo Sie stehen, wo Sie beginnen. Die Schritte, die ich in diesem Buch aufgezählt habe, können alle erforderlich sein, nur einzelne oder nur ein einziger. Jeder einzelne Schritt kann lange dauern oder möchte lange geübt werden, bis er im Leben integriert ist. Andere Schritte werden Ihnen leichter fallen.

Es gibt kein Muss, alles ist eine Einladung zu einem freieren, selbstbestimmten und souveränen Leben.

Ich habe diese Schritte getan, weil ich einen Wunsch nach Veränderung gespürt habe. Und das ist ein gutes Motiv.

Die Schritte zur Selbstliebe:

* Seien Sie freundlich zu sich und barmherzig.

* Hören Sie auf, sich ständig fertig zu machen oder zu bewerten.

* Lassen Sie das Vergleichen.

* Schauen Sie, wo Sie Widerstand im Leben haben und spielen Sie damit – was sind Sie bereit, loszulassen?

* Praktizieren Sie tägliche Dankbarkeit.

* Erkennen Sie an, was Sie alles wirklich können, stellen Sie Ihr Licht nicht mehr unter den Scheffel.

* Üben Sie sich im freundlichen und positiven Denken, destruktive Gedanken bringen Sie nicht weiter, sondern be**last**en Sie nur.

* Seien Sie präsent im Hier und Jetzt – bei allen Aufgaben, die Sie erledigen.

* Identifizieren Sie toxische Schamgedanken.

* Suchen Sie sich Vertraute und/oder Freunde – es müssen nicht viele Menschen sein, nur wenige, denen Sie vertrauen können, die Ihnen ein Beitrag für Ihr Leben sein wollen, die förderlich für Sie sind und die keine Angst vor Ihrer möglichen Veränderung haben.

Resumeè

Ich habe Ihnen in diesem Buch viele Werkzeuge vorgestellt. Wenn sie angewandt werden, sind sie auch hilfreich. :-) Glücklich sein, Glaubenssätze entlarven und Widerstand aufgeben sind Prozesse. Das sind keine einmalige Aktionen oder Entscheidungen.

Ich hoffe, ich konnte Ihnen ein Beitrag sein auf Ihrem Weg.

Mit meinem Sein und meinen für Sie angeordneten Buchstaben möchte ich eine Einladung für Sie sein – für ein Leben im SEIN und in Freiheit.

Ich freue mich über Ihr Feedback, über Ihre Geschichte.

Sie können mich gerne über Facebook kontaktieren oder mir eine Email schreiben.

Sternenstaub17@gmx.de

Ich wünsche Ihnen ein gutes, freudvolles und glückliches Leben.

Und ich wünsche Ihnen den Mut, zu sich und Ihren Bedürfnissen zu stehen, um das Leben zu leben, welches Sie sich wirklich wünschen!

Nachwort

Auch ich bin in einem ständigen Veränderungsprozess. Das Leben IST Veränderung. Und genau da nicht im Widerstand zu sein, sich dem Fluss des Lebens vertrauensvoll hinzugeben bedeutet Freiheit. Freiheit von Beschränkungen, die wir uns selbst auferlegen, ohne uns dessen bewusst zu sein.

Meine Erkenntnis: Die Lösung liegt in der Liebe und im Fühlen und Annehmen von dem, was ist.

Das Gegenteil von Liebe ist nicht Hass – sondern Angst.

Ängste dominieren uns und die „Welt". Aber wer oder was ist die Welt? Es sind immer einzelne Menschen, Diktatoren und Machthaber, die auch von der Angst motiviert und angetrieben sind. Wenn wir bereit wären, unsere tiefsten, innersten Ängste anzuschauen und uns dem zu stellen, was sich da zeigt, dann ist wahrer Frieden möglich. Frieden im Einzelnen und in jedem Land dieser Erde. Verdrängte Ängste und Gefühle führen zu Sucht, Krankheit, Krieg, emotionalen Problemen, Depressionen und dem Gefühl, unglücklich zu sein.

Wenn Sie weiterführende Hilfe benötigen, können Sie auch gerne auf meiner Homepage vorbeischauen:

www.kerstin-stolpe.de

Sie können auch eine Coaching Session mit mir buchen, entweder online oder persönlich.

FSC
www.fsc.org
MIX
Papier | Fördert
gute Waldnutzung
FSC® C083411

Zeitfracht Medien GmbH
Ferdinand-Jühlke-Straße 7
99095 Erfurt, Deutschland
produktsicherheit@kolibri360.de